WESTEND

MICHAEL MEYEN

Breaking News: Die Welt im Ausnahmezustand

Wie uns die Medien regieren

WESTEND

Mehr über unsere Autoren und Bücher:
www.westendverlag.de

Die Deutsche Nationalbibliothek verzeichnet diese Publikation in der Deutschen Nationalbibliografie; detaillierte bibliografische Daten sind im Internet über http://dnb.d-nb.de abrufbar.

FSC www.fsc.org
MIX
Papier aus verantwortungsvollen Quellen
FSC® C083411

ISBN 978-3-86489-206-6

Umschlaggestaltung: Buchgut, Berlin
Satz: Publikations Atelier, Dreieich
Druck und Bindung: CPI – Clausen & Bosse, Leck
Printed in Germany

INHALT

1 AUFTAKT WIE DIESES BUCH ZU LESEN IST

Der 31. Mai 2015 war ein guter Sonntag für US-amerikanische Journalisten. Zumindest für die, die arbeiten mussten. Außenminister John Kerry hatte sich beim Radfahren in Frankreich das Bein gebrochen und wurde in ein Krankenhaus nach Genf geflogen. Ein Aufreger, der samt Rücktransport in die Heimat auch noch den halben Montag füllen würde. Und dann starb der Sohn des Vizepräsidenten. 46 Jahre, Hirntumor. Was für eine Geschichte. Joe Biden, ganz nah am Machtpol dieser Welt und doch vom Schicksal geschlagen. Ein Mann, der vor einer halben Ewigkeit schon Frau und Tochter bei einem Unfall verloren hatte. Auch der kleine Beau saß damals, 1972, mit im Wagen. John Kerry und Joe Biden. Beinbruch und Familientrauer zur Prime Time, auf jedem Kanal. Etwas Wichtigeres hatte die Welt an diesem Sonntag nicht zu bieten, zumindest nicht für Fernsehredakteure in den USA. Vermutlich wussten sie, wie gut die beiden Themen im Netz liefen. Auch Barack Obama ließ die Zuschauer schnell wissen, dass er und seine Frau Michelle für Beau Biden und die Seinen beten. Immerhin, auch das durften wir erfahren, blieb dem Präsidenten etwas Zeit, nicht nur den Herrn anzurufen, sondern auch John Kerry. Die drei mächtigsten Politiker der USA, vereint in einem Drama von biblischem Ausmaß. Selbst die Plagen, die einst Ägypten heimsuchten, hätten kein größeres Schlagzeilengetöse ausgelöst.

Natürlich: Es war Sonntag. Wer je in einer Nachrichtenredaktion gesessen hat, der weiß, was das bedeutet. Warten auf das Fußballspiel, auf ein Zugunglück, auf irgendeinen Streit. Hauptsache, man hat etwas zu melden. John Kerry und Joe Biden. Besser kann so ein Sonntag gar nicht werden. Das Problem ist: Auch montags und mittwochs bekommen Leser, Hörer und Zuschauer Dramen ohne Inhalt und das längst nicht mehr nur in den USA. Schleichend und fast unbemerkt hat sich das verändert, was deutsche Redakteure für so wichtig halten, um ihr Publikum damit zu behelligen. Journalismus war schon immer vor allem Selektion. Nicht einmal eine Kleinstadt passt in fünf Minuten Sendezeit und auch nicht auf drei Lokalseiten. Heute aber, das ist die erste These dieses Buchs, heute wählen Redakteure in Deutschland etwas ganz anderes aus als ihre Vorgänger noch vor 30 oder 40 Jahren. Und das, was sie auswählen, verpacken diese neuen Redakteure anders: grell, schrill, laut. Wenn es den objektiven Beobachter früher gegeben haben sollte – zum Beispiel in Gestalt des Fernsehmannes, den *Tagesthemen*-Moderator Hanns Joachim Friedrichs 1995 kurz vor seinem Tod besungen hat (»Distanz halten, sich nicht gemein machen mit einer Sache, auch nicht mit einer guten, nicht in öffentliche Betroffenheit versinken, im Umgang mit Katastrophen cool bleiben, ohne kalt zu sein«[1]) –, wenn es ihn tatsächlich je gegeben haben sollte, dann ist dieser Kollege inzwischen ausgestorben.

Hanns Joachim Friedrichs, Jahrgang 1927, erzählte seinerzeit im Nachrichtenmagazin *Der Spiegel*, er habe nach dem Krieg beim deutschen Dienst der BBC gelernt, was guter Journalismus sei. Informieren und aufklären, das vor allem. Eine »Art Nachhilfeunterricht für Diktaturgeschädigte«. Die Parteien raushalten, auch aus den Gremien. Der Fernsehmann als »Mensch, der mit am Esstisch sitzt, der ein bisschen mehr weiß, weil er die Fähigkeit hat, unbefangen in die Welt zu gucken und das, was er entdeckt, so wiederzugeben, dass die Leute ihm glauben«. Auch nicht unwichtig: »die Leute abends in ihrer Wohnung nicht anbrüllen«. Sie selbst entscheiden lassen, »ob sie betroffen sein wollen oder nicht«.[2]

Vorbei. »Lügenpresse, halt die Fresse«, schreit und stöhnt der Wutbürger. Vertrauenskrise, sagt Uwe Krüger, ein Leipziger Medienforscher, ausgelöst durch die Ukraine-Berichterstattung – durch ein »Schwarz-Weiß-Bild«, in dem »wesentliche Fakten unterschlagen« worden seien. Krüger: »Man merkt die Absicht und ist verstimmt.«[3] Auch die ARD-Dokumentation »Vertrauen verspielt?«, die am 11. Juli 2016 zu später Stunde im *Ersten* lief, macht die Medienschelte an dem fest, was gesendet und geschrieben wurde und was vielleicht auch nicht. Flüchtlinge und die Silvesternacht von Köln, Putin, die Jagd auf Christian Wulff. Sehr konkrete Inhalte für eine eher diffuse Kritik. Dieses Buch zeigt, dass die Inhalte austauschbar sind. Und dass es nicht besser werden wird, wenn wir nicht zuerst verstehen, wie Journalisten das zusammenstellen, was wir für wichtig halten müssen, und dann darüber sprechen, was wirklich wichtig wäre.

Breaking News: Die Welt als Ausnahmezustand

Dass es nicht egal ist, was Funk und Fernsehen bringen, die Presse und all ihre Ableger und Nachahmer im Netz, das steht dabei außer Frage. »Was wir über die Gesellschaft, ja über die Welt, in der wir leben, wissen, wissen wir durch Massenmedien.«[4] Nimmt man diesen berühmten Satz von Niklas Luhmann einen Moment lang ernst und fragt, wie Gesellschaft und Welt heute durch die Brille des deutschen Journalismus aussehen, dann gibt es dafür eigentlich gar keinen passenden Vergleich. Jahrmarkt, Zirkus, Stadion. Alles auf einmal und doch viel mehr. Aufmerksamkeit, Aufmerksamkeit, Aufmerksamkeit. John Kerry und Joe Biden. Wie oft bricht sich ein wichtiger Minister schon ein Bein (fern der Heimat, auf dem Rad!), und wie viele Vizepräsidenten haben im Privaten solche Tragödien erlitten wie Obamas Stellvertreter?

Jeder Nutzer weiß, was die Massenmedien im Sekundentakt liefern. Exklusivnachrichten, Einmaliges, Superlative. Das Spiel des Jahres. Das Spiel des Jahrzehnts. Der Spieler des Jahrhunderts. Das, was wir so nicht erwartet haben. Thomas Müller ohne Tor bei der Europameisterschaft in Frankreich, schon drei Wochen lang. Auch Lukas Podolski hat kein Tor geschossen (und überhaupt nur ein paar Minuten auf dem Platz gestanden), aber das wussten wir schon vorher. Unbefangen in die Welt gucken und wiedergeben, was es dort so zu entdecken gibt? Mein lieber Hanns Joachim Friedrichs. Journalisten vereinfachen, spitzen zu, übertreiben. Sie erzählen uns tagelang immer wieder die gleiche Geschichte, geschmückt mit neuen Details, sie berichten, was Prominente erlebt haben und was uns anderen Außergewöhnliches passiert ist.[5] Sie wollen dabei originell sein, und, ja, sie brüllen uns an, selbst abends im Wohnzimmer. Konflikte, Emotionen und Bilder, immer wieder Bilder. Möglichst auffällig, möglichst groß. Zapp! Nicht! Weg! Bleib hier, denn ich sage dir, was du wirklich wissen musst. In Schlagworten, leicht verständlich, leicht bekömmlich. Der Verdauungsschnaps im Zeitalter von Low Carb und Fruchtsaftschorle.

Wie gesagt: Jeder Nutzer weiß das. Und doch haben wir alle zusammen nicht gemerkt, wie der Imperativ der Aufmerksamkeit unsere Zeitungen verändert hat, die Fernsehnachrichten und überhaupt alles, was wir über die Gesellschaft wissen können und über die Welt, in der wir leben. Den Eurovision Song Contest zum Beispiel oder Premieren von James-Bond-Filmen gab es vor 50 Jahren nicht, wenn man Niklas Luhmann glaubt. Das heißt: Es gab das alles schon, aber nicht in den Massenmedien. Höchstens als Kurznachricht. Selbst die *Bild-Zeitung* kündigte den Grand Prix 1979 nur im TV-Programm an. 2002 (als Corinna May für Deutschland sang) gab es dann eine Doppelseite mit den Überschriften »Die Demütigung von Tallinn« und »Die Nacht der bitteren Tränen«.[6] Das Finale im Fußball-Europapokal der Landesmeister (Vorläufer der UEFA Champions League), noch so ein Beispiel aus der Medienrealität von heute, wurde 1960 in der *Süddeutschen Zeitung* am Tag danach mit einer schmalen Spalte links am Rand abgehandelt, obwohl Titelverteidiger Real Madrid in Glasgow eine deutsche Mannschaft besiegt hatte (Eintracht Frankfurt). Die Redaktion gab zu, sich in der Anstoßzeit geirrt zu haben (19.30 statt 17.30 Uhr). Vor Redaktionsschluss sei einfach nicht mehr da gewesen. Man stelle sich das vor: eine Spalte, in der es erst ums Wetter geht (Sonne in Schottland!) und dann um Bundestrainer Sepp Herberger, der den Spielerfrauen »aufmunternde Worte« mit auf den Weg gegeben und auch sonst »strahlende Laune« hatte.[7] Soso. Undenkbar in einer Zeit, in der ein Finale dahoam mit Sondernummern begleitet wird und uns tagtäglich Wasserstandsmeldungen zu Mario Götze erreichen – auch dann, wenn sich in der Welt da draußen gar nichts tut.

Eurovision Song Contest, James Bond und Fußball. Wenn all das gewachsen ist in der Realität der Massenmedien, dann muss anderes geschrumpft sein. Über Politik, Kultur, Wirtschaft wird heute nicht nur weniger berichtet als noch vor 30 oder 40 Jahren, sondern auch anders. Atmosphäre statt Programmdiskussion. Konflikte zwischen Spitzenpersonal statt Streit um Inhalte. »Schalten Sie Ihren Fernseher aus!«, ruft Stefan Schulz, Jahrgang 1983, der Volontär bei der *Frankfurter Allgemeinen Zeitung* war und vielleicht auch deshalb jetzt das Ende des Journalismus gekommen sieht. Abendnachrichten und Politikmagazine seien »nichts anderes als Gossip-Reports«, in denen »das politisch relevante gesellschaftliche Leben in Deutschland und die Hunderttausende von Mitarbeitern umfassende Staatsverwaltung auf das persönliche Kräftespiel von zehn Bundespolitikern« zusammenschrumpfe – im »Modus der Sportberichterstattung«.[8]

Neue Mitspieler, neue Medienrealität

Diese neue deutsche Medienrealität war schon Mitte der 1990er Jahre zu spüren, im *Spiegel*-Gespräch mit Hanns Joachim Friedrichs. »Deutschlands Sinnbild für Glaubwürdigkeit und Charme« (*taz*) schimpfte dort ein bisschen über »irgendeinen journalistischen Strichjungen aus der ARD-Hierarchie«, aber viel mehr noch über das kommerzielle Fernsehen. »Nichts gelesen, nichts kapiert, aber immer mitten am Elend und voll im Bild.« Und weiter: »Die glauben, es reicht, eine schöne junge Frau oder einen jungen Mann vors Mikrofon zu stellen und sie Sätze voller hanebüchener Ahnungslosigkeit sagen zu lassen.«[9]

Trotzdem: Als Friedrichs vom Bildschirm verschwand, war die Welt noch so, wie er sie uns und unseren Eltern ein Journalistenleben lang gezeigt hatte, fast jedenfalls. Schöne Frauen und junge Männer bei RTL, okay. Ahnungslos? Meinetwegen. Aber wer informierte sich damals schon bei RTL? Und wer wusste so genau, was das Internet war? Mark Zuckerberg jedenfalls bestimmt nicht. Als *Der Spiegel* mit dem todkranken Friedrichs sprach, wartete der *Facebook*-Chef auf seinen elften Geburtstag.

Zwischen den goldenen Jahren, in denen Hanns Joachim Friedrichs am »Denkmal des politischen Moderators« baute (*Die Zeit*), und dem Hier und Jetzt liegen drei Medienrevolutionen. Journalistenschüler lesen zwar immer noch die Autobiografie des Meisters[10] und neuerdings vielleicht sogar das Büchlein *Medien: Macht & Verantwortung*[11], in dem Ulrich Wickert, einer der Erben von Friedrichs, Immanuel Kant bemüht, um die Ideale des Berufsstands zu beschwören (Aufklärung und Mut! Gebt den Menschen Orientierung! Helft ihnen beim Denken, bitte!), arbeiten aber müssen diese jungen Menschen dann in Büros, bei denen allenfalls noch die Adresse an Friedrichs und Wickert erinnert.

Die Konkurrenz: Das ist das, was die drei Medienrevolutionen verändert haben. Die *Tagesschau* heißt immer noch *Tagesschau*, das ja. Auch die *Süddeutsche Zeitung* hat sich nicht umbenannt (allerdings ist sie 2010 umgezogen, aus dem Herzen Münchens in einen Betonturm am Rande der Stadt). Und die Rundfunkgebühren fließen noch, sogar reichlicher denn je. Selbst im öffentlich-rechtlichen Refugium aber und in den Leuchttürmen der Leitmedien kann man nicht mehr so tun, als ob es die anderen nicht gibt. Kommerzielles Fernsehen und kommerzielles Radio, Internet, Social Media: drei neue Mitspieler, fixiert auf Reichweitenmaximierung. Quote und Klicks, Likes und Shares. Der Imperativ der Aufmerksamkeit. Hanns Joachim Friedrichs durfte RTL noch kennenlernen. Nur: RTL war damals ein kleines Kind, das gerade die *Tutti-Frutti*-Windeln abgelegt hatte. Inzwischen ist dieses Kind so erwachsen, dass es selbst im Dschungel perfektes Fernsehen produziert.

Die Theorie, auf die sich dieses Buch stützt (der Ansatz der Akteur-Struktur-Dynamiken von Uwe Schimank[12]), geht davon aus, dass Akteure nicht im luftleeren Raum handeln (allein, nur für sich). Man beobachtet sich, man beeinflusst sich, man verhandelt miteinander. Man versucht, seine Interessen durchzusetzen. Im System der Massenmedien: veröffentlichen, das Publikum erreichen. Vielleicht auch aufklären und informieren, Debatten anstoßen und Debatten moderieren, die Welt verbessern. Jeder Akteur (jede Journalistin, jede Redaktion, jedes Medienunternehmen) hat Ressourcen, um seine Interessen durchzusetzen. Und: Jeder Akteur weiß nicht nur um die eigenen Ressourcen und die der anderen, sondern auch um den Orientierungshorizont, vor dem jeweils gehandelt wird. Rundfunkstaatsvertrag, Landespressegesetze, Pressekodex. Berufsideale, Traditionen und Vorbilder wie Wickert oder Friedrichs. Die Ethikrichtlinien von Berufsverbänden und Beobachtern (etwa: Netzwerk Recherche). Die Wünsche des Publikums – als Bürger, als Konsument, als Schutzbedürftiger.

Das alles ist allen bekannt, aber nicht für jeden gleich wichtig. Die drei Medienrevolutionen haben nicht nur die Zahl der Mitspieler vervielfacht, sondern zugleich Akteure in das System Massenmedien gespült, die unter ganz anderen Bedingungen handeln als einst Hanns Joachim Friedrichs. Andere Kanäle, andere Erwartungen von uns, von außen, ein anderes Selbstverständnis – aber das gleiche Ziel: Ein Publikum erreichen. Für die Erben von Friedrichs bedeutet das: Ressourcen umschichten (in Onlineauftritte, in Social Media), die Strategien ändern. Sich anpassen an das, was der Konkurrenz Erfolg bringt.

Auf dem Weg zum kommerziellen Pol oder Die hausgemachte Krise

Der Schweizer Medienforscher Nino Landerer hat die Handlungslogik des Systems Massenmedien (die Art und Weise, wie Journalisten das zusammenstellen, was wir Zuschauer, Leser, Hörer für die Welt halten müssen) zwischen zwei Polen angesiedelt: normativ und kommerziell.[13] Auf der normativen Seite steht das, was den Journalismus als Institution von anderen Institutionen unterscheidet (die ›öffentliche Aufgabe‹, wie sie zum Beispiel Friedrichs oder Wickert beschreiben), und auf der kommerziellen das, was sich aus der Gewinnorientierung der meisten Anbieter ergibt: Themen auswählen, für die sich möglichst viele Menschen interessieren, und diese Themen dann so anordnen und aufbereiten, dass wir Nutzer tatsächlich dranbleiben. Folgt man Nino Landerer, dann bewegt sich die Handlungslogik des Systems Massenmedien auf einem Kontinuum zwischen diesen beiden Polen. Mal stärker normativ, mal eher kommerziell, in Deutschland anders als in Spanien und in beiden Ländern heute nochmal anders als vor 30 Jahren.

Wer etwas älter ist oder in der DDR gelebt hat, wird sich erinnern, dass die Medienrealität auch hierzulande sehr wohl einer politischen, einer kulturellen oder einer pädagogischen Logik folgen kann. »Vergnügen strengstens verboten!«, schrieb die Programmzeitschrift *Hör zu* im Frühjahr 1965 zum TV-Angebot an einem normalen Wochenendnachmittag. Das ZDF bringe gar nichts und die ARD nur Unattraktives. Der Zuschauer müsse sich für Aktienmärkte, für die Stahlproduktion und für die Industrie am Orinoko interessieren – und das ausgerechnet dann, wenn er sich entspannen wolle.[14] Ein anderer Imperativ. Erziehung, Aufklärung, Bildung. Vielleicht ist es etwas übertrieben, für die 1960er und 1970er Jahre von einer »Zwangsverpflichtung auf politische Fernsehinhalte« zu berichten (gezwungen wurde schließlich niemand) und von einem »Unterhaltungsslalom« (vorbei an den eher anstrengenden Magazinen),[15] nicht zu bestreiten ist aber, dass sich die Handlungslogik des Systems Massenmedien seither zum kommerziellen Pol verschoben hat. Ulrich Wickert zum Beispiel, ein Kronzeuge ersten Ranges, spricht von einer »Banalisierung der Öffentlichkeit«, von »Betroffenheitsjournalismus« und von »Apokalypse statt Aufklärung«. Und weiter Wickert: »Tatsächlich verdrängt der Mechanismus, permanent Sensationen zu verbreiten, die Auseinandersetzung mit Themen, die Orientierung verschaffen.«[16]

Was genau die Massenmedien in Deutschland verbreiten, was dabei heute anders ist als vor den drei Medienrevolutionen und wie Redakteure und Reporter ihre Arbeit selbst erleben: Davon handelt Kapitel 2 dieses Buchs. Mit Hilfe von Inhaltsanalysen und Interviews wird dort gezeigt, dass der Imperativ der Aufmerksamkeit journalistische Qualitätskriterien wie Neutralität, Objektivität oder Vielfalt zu Worthülsen gemacht hat – geeignet für Sonntagspredigten und akademische Gedankenspiele, aber nicht (mehr?) zur Beschreibung der Realität, die Massenmedien konstruieren. Anders formuliert: Das System erfüllt seine ›öffentliche Aufgabe‹ nicht – und das nicht etwa, weil die Jugend nicht mehr Zeitung liest und sich überhaupt ganz anders informiert, weil den Verlagen das Anzeigengeschäft weggebrochen ist oder irgendein ausländischer Regierungschef zu schlecht behandelt wurde. John Kerry und Joe Biden: Diese Medienkrise geht tiefer, und sie ist hausgemacht. Der Imperativ der Aufmerksamkeit ist zu einem Strudel geworden, der die Glaubwürdigkeit mitgerissen hat und aus dem sich nur Baron Münchhausen selbst befreien könnte.

Resilienz und Massenmedien

Vielleicht ist es gut, an dieser Stelle einen Moment lang Luft zu holen und das Umfeld anzuschauen, in dem dieses Buch entstanden ist – den Bayerischen Forschungsverbund *ForChange*, der gefragt hat, wie Wandel gestaltet werden kann in einer Zeit, in der zwar jeder das Gefühl hat, dass sich alles ändert, aber keiner wirklich weiß, was kommen wird. *ForChange* beschäftigte sich zum Beispiel mit Pionieren der Energiewende im Allgäu, mit deutschen Unternehmen, die an Investoren aus China und Indien gehen, oder mit Teams, die oft ganz unabhängig von Erfolg oder Misserfolg immer wieder umgebaut werden. Klammer für all diese Themen war das »buzzword« Resilienz[17] – ein Begriff, der längst die Ratgeberregale erobert hat.[18]

Resilienz: Das ist die Fähigkeit, unter widrigen äußeren Bedingungen oder in Krisenzeiten stabil zu bleiben und zu funktionieren. Ein Stück Gummi, auf dem man stundenlang herumdrücken kann und das trotzdem wieder in die alte Form zurückflutscht. Ein Ökosystem, dem Hitze oder Fluten nichts anhaben. Ein Mensch, der Schicksalsschläge verkraftet. Den Tod des Partners, die Degradierung im Job, Krankheiten. Resilienz ist positiv, das zeigen diese Beispiele. Auch deshalb hat es das Konzept geschafft, die Grenzen zwischen den akademischen Disziplinen zu überwinden und heute fast überall verwendet zu werden – auch für Organisationen, Institutionen oder soziale Funktionssysteme wie die Massenmedien.[19]

Trotzdem: Am Kern des Begriffs ist nicht gerüttelt worden. Wer von Resilienz spricht, hat erstens eine Bedrohung im Sinn (die von außen kommen kann, von innen oder aus beiden Richtungen zugleich), muss zweitens die Funktionen bestimmen, die (zum Beispiel) ein soziales Funktionssystem für die Gesellschaft hat, und dann nach Schwachstellen und Stärken dieses Systems suchen und konzentriert sich folgerichtig drittens auf Systemerhalt, auf Überleben und auf Verbesserung. Selbst Katastrophen sieht man durch die Brille Resilienz nicht mehr schwarz, sondern als Gelegenheit zum Lernen.[20]

Was die letzten drei Absätze mit dem Thema dieses Buchs zu tun haben? Antwort eins: Der Imperativ der Aufmerksamkeit ist eine Bedrohung für das System Massenmedien, allerdings nicht die einzige, wie gleich zu sehen sein wird. Dieser Imperativ bedroht weniger die Existenz von Medienangeboten an sich (sie werden weiter gekauft, gelesen und gesehen, geklickt und geteilt), sondern das, was demokratische Gesellschaften von ihnen erwarten dürfen. Antwort zwei schließt direkt daran an: Resilienz regt eine Wertedebatte an. Was genau erwartet die Gesellschaft eigentlich von den Massenmedien? Und was will sie dafür investieren?

Niklas Luhmann hätte auf diese Fragen mit einem müden Lächeln reagiert. Für ihn waren Massenmedien nichts weiter als das »Gedächtnis« der Gesellschaft. Ein System, das Information »so breit« streue, »dass man im nächsten Moment unterstellen muss, dass sie allen bekannt ist (oder dass es mit Ansehensverlust verbunden wäre und daher nicht zugegeben wird, wenn sie nicht bekannt war)«. Medieninhalte als eine »zweite, nicht konsenspflichtige Realität«, als eine Art »Hintergrundwissen«, von dem man bei jeder Kommunikation ausgehen könne.[21] Was dieses »Gedächtnis« der Gesellschaft speichert und was nicht, ist für die Erfüllung dieser Funktion vollkommen egal.[22] John Kerry und Joe Biden: Sei's drum. Hauptsache wir haben etwas, über das wir reden können. Eine Kritik der Medienrealität geht aus dieser Perspektive genauso ins Leere wie jeder Versuch, die Resilienz des Systems Massenmedien zu stärken. O-Ton Niklas Luhmann, gesendet von *Radio Bremen* am 9. Oktober 1997: »Was könnte ein Schaden sein, der allein durch die Massenmedien verursacht wird?«[23]

Medienlogik: Die Metabotschaft wirkt

Zwanzig Jahre später wissen wir es besser. Der Imperativ der Aufmerksamkeit bedroht nicht nur das System der Massenmedien, sondern jeden Einzelnen von uns und die Gesellschaft insgesamt. Diese Bedrohung geht nicht von konkreten Inhalten aus, wie gut oder schlecht die Berichterstattung über Putin und Erdogan, Flüchtlinge und Terror, Griechenland und die Welt auch immer sein mag. Vielleicht wirken solche Inhalte auf uns, wer weiß. Sie lösen Emotionen aus, das sicher. Sie erweitern unseren Horizont und unser Wissen, das auch. Vielleicht verändern sie sogar unsere Einstellungen und unser Verhalten, im Supermarkt, im Familienalltag, an der Wahlurne.[24] So raffiniert die Methoden der Medienforscher aber auch geworden sein mögen, der letzte Nachweis fehlt. Zum Glück. Sonst wäre Orwell schnell Wirklichkeit.

Die Medienrealität wirkt, das ist die zweite These dieses Buchs, über einen Umweg, und das gleich doppelt. Zuerst zum Umweg, der da beginnt, wo wir unterstellen, dass Massenmedien mächtig sind. Immer wieder nachgewiesen, auch und gerade bei Menschen in Spitzenpositionen. Warum sonst sollten Minister zurücktreten, Topmanager, Bundesligatrainer, wenn sie nicht befürchten würden, dass negative Berichte etwas machen mit ihrem Ansehen, ihrer Reputation, ihrem Handlungsspielraum? Wir alle nehmen an, dass Medieninhalte Folgen haben – wenn vielleicht auch nicht für uns, so doch für andere. Die Forschung spricht hier vom Third-Person-Effekt.[25] Wir überschätzen, was Medien mit den Einstellungen und dem Verhalten unserer Mitmenschen machen. Ob und wie Massenmedien wirken, ist folglich genauso egal wie das, was die Wissenschaft zu diesem Thema weiß. Entscheidend ist, dass wir an solche Wirkungen glauben. Das Thomas-Theorem: »If men define situations as real, they are real in their consequences.«[26] Das heißt: Wir verändern unser Verhalten, weil wir davon ausgehen, dass die anderen es ebenfalls verändern werden, und zwar so wie es der Medientenor vorgibt, den wir beobachten.

Die Untersuchungen, die es zum Third-Person-Effekt und zum Influence-of-Presumed-Media-Influence-Ansatz[27] gibt, konzentrieren sich in aller Regel auf sehr konkrete Medieninhalte. Gewalt im Fernsehen, Kampagnen gegen Rauchen, Trinken, Kiffen oder Berichte über die Versorgung. Wenn ich glaube, dass Blut in den TV-Nachrichten oder im *Tatort* die Gesellschaft verroht, bin ich wahrscheinlich eher für Kameras an öffentlichen Orten, und wenn ich denke, dass all meine Nachbarn jetzt Bier horten, weil in der Zeitung etwas über Wasserknappheit in den Brauereien stand, dann laufe ich in den Supermarkt und stelle fest, dass Bier in der Tat knapp geworden ist.

In diesem Buch geht es um etwas anderes. Dieses Buch fragt, was die Metabotschaft mit uns macht (die Botschaft hinter den konkreten Inhalten) – der Imperativ der Aufmerksamkeit, dem die Massenmedien heute folgen. Die Soziologen David Altheide und Robert Snow haben schon Ende der 1970er Jahre von der »Medienlogik« gesprochen und damit die Perspektive gemeint, mit der seinerzeit vor allem das Fernsehen in den USA Realität konstruiert hat: Welche Themen werden ausgewählt, wie wird das Material zusammengestellt, in welchem Stil wird es präsentiert, was wird betont und was eher nicht? Kurz: Medienlogik ist die Grammatik der Medienkommunikation, die, folgt man Altheide und Snow, schon deshalb Folgen hat, weil wir den entsprechenden Angeboten kaum entkommen können.[28]

Kein Zweifel: Fernsehen ist nicht Radio ist nicht Presse ist nicht Internet. Und die USA sind genauso wenig Deutschland wie die späten 1970er das Heute sind. Die wissenschaftliche Literatur hat am Lack der Idee Medienlogik gekratzt und gezeigt, dass Medieninhalte von der Technik beeinflusst werden (etwa: Druck versus bewegtes Bild), von den Traditionen (zu denen zum Beispiel das Dritte Reich und die DDR gehören) und von der Journalismuskultur überhaupt. Berufsideale, Gesetze und andere normative Anforderungen (Stichwort ›öffentliche Aufgabe‹), der Eigensinn der Produzenten, die Wünsche des Publikums.[29] David Altheide hat trotzdem darauf bestanden, dass die Massenmedien jenseits all dieser denkbaren Einflussfaktoren einer konzeptionellen Logik folgen – einem Gestaltungsprinzip, das man im Politikteil der Zeitung genauso findet wie in den Fernsehnachrichten und im Radiotalk, im Kulturmagazin und in der Fußballübertragung.[30] Dieses Prinzip kann sich von Land zu Land unterscheiden (in Mexiko sieht die Medienrealität anders aus als in Uganda) und auch ändern. Hanns Joachim Friedrichs könnte ein Lied davon singen. Auch zu seiner Zeit aber mussten Politiker, Sportler, Künstler die Medienlogik (die damals eine etwas andere war) kennen, wenn sie in die Zeitung oder ins Fernsehen wollten.

David Altheide geht noch einen Schritt weiter und spricht von einer Art Gewöhnungseffekt, der uns alle betrifft. Allein schon durch die Dauer der Mediennutzung (für den Durchschnittsdeutschen knapp zehn Stunden am Tag)[31] würden wir das Konstruktionsprinzip der Medienrealität als »normale Form« der Kommunikation verinnerlichen. Folgt man Altheide, dann formt die Medienlogik, wie wir miteinander umgehen, wie wir uns im Alltag bewegen und wie wir Organisationen und Institutionen gestalten.[32] Zugespitzt: Medienrealität ist nicht nur in den Massenmedien, sondern überall. Der Imperativ der Aufmerksamkeit regiert unser Leben.

Alltag und der Mythos vom medialisierten Zentrum

Kapitel 5 taucht in dieses neue Leben ein, das keineswegs nur daraus besteht, dass nicht wenige von uns ihre Erlebnisse, ihre Ansichten und Urteile, ihre Emotionen in sozialen Netzwerken teilen und sich dabei selbst dem Imperativ der Aufmerksamkeit unterwerfen (müssen), wenn sie nicht wie einst Oma und Opa einfach nur ein Tagebuch führen wollen, das unter dem Kopfkissen verstaubt und erst bei der Haushaltsauflösung von anderen gelesen wird. Auch jenseits von *Facebook*, *Instagram* und *Twitter* sieht Realität heute oft so aus wie das, was wir vom Bildschirm kennen: Wir feiern anders, als es bei unseren Eltern und Großeltern üblich war, wir machen etwas anderes aus unserem Urlaub, und wir erziehen unsere Kinder anders, wir richten unsere Wohnungen anders ein, und, man wagt es kaum zu glauben, wir werden tatsächlich schöner. Zumindest investieren wir mehr in unser Aussehen. David Altheide würde wissen, woran das liegt: an der Fernsehlogik oder an der Logik der bewegten Bilder, die neben Dynamik, Spannung und einer Geschichte auch und vor allem Menschen verlangt – schöne Menschen, gut trainierte Menschen. Hollywoodstars, Pep Guardiola, wenigstens Til Schweiger. Selbst wer es nie ins Fernsehen schafft und auch keine Lust hat, Livestreams zu posten, selbst diese Zeitgenossen erleben das Konstruktionsprinzip der Medienrealität als so »normal«, wie Altheide sagen würde, dass sie ihm verfallen.

Es wird in diesem Buch also auch um eine Kritik der Medienrealität gehen – um Risiken und Nebenwirkungen der Droge Aufmerksamkeit. Um Hochzeiten an ausgefallenen Orten, drei Tage lang, und um Junggesellenabschiede, möglichst noch verrückter. Um den Wunsch, einzigartig zu sein – daheim, auf Reisen oder wenigstens beim Geburtstagsbrunch. Um den Wettbewerb im Kindergarten, in der Schule, in der Nachbarschaft. Das klügste Kind, die glücklichste Familie, das ausgefallenste Wochenende. Brauchen wir das, brauchen wir den Imperativ der Aufmerksamkeit, um zufrieden zu sein oder sogar glücklich?

Was wie eine rhetorische Frage klingt (nein, natürlich nicht), würde der britische Medienforscher Nick Couldry vermutlich mit Ja beantworten. Wie David Altheide und Robert Snow spricht Couldry von strukturellen Medienwirkungen, von Wirkungen jenseits aller konkreten Inhalte.[33] Was auch immer im Fernsehen laufen mag oder sonst berichtet wird: Es soll etwas mit unserem Leben zu tun haben, obwohl eigentlich niemand wissen kann, wovon dieses Leben im Detail abhängt. Bei Nick Couldry wird daraus der Mythos vom medialisierten Zentrum. Genau genommen handelt es sich um zwei Mythen, die miteinander verwoben sind, weil Medienleute genauso daran stricken wie Politiker und andere Eliten. Erstens behauptet allein das Format, in dem Tageszeitungen, TV- und Radionachrichten oder Webportale daherkommen, dass es so etwas wie eine ›Wahrheit‹ oder ein ›natürliches Zentrum‹ gibt. Warum sonst sollten wir alles stehen und liegen lassen, wenn Liveübertragungen beginnen? Warum sollten wir Platz für VIPs machen, andächtig Fernsehteams bewundern oder zu Orten pilgern, an denen Serien und Filme gedreht wurden?

Zu diesem Zentrum führt zweitens für die meisten von uns nur ein einziger Weg – über die Massenmedien. Dort wird definiert, was ist. Was als Realität durchgeht. Wie wir die Welt ordnen und beschreiben können. Was Alltag ist (all das, was es nicht in die Massemedien schafft). Medienpräsenz heißt: Ich gehöre zum Zentrum. Couldry vermutet deshalb, dass die

Massenmedien im Feld der Macht inzwischen eine ähnliche Position haben wie der Staat, der zum Beispiel bestimmen kann, was akademische Abschlüsse wert sind oder welches Ansehen viele Berufe und Tätigkeiten haben (über die Bezahlung). Couldry sagt, dass Medienpräsenz eine Art Metakapital geworden ist. Kapital, das fast überall gewinnbringend eingesetzt werden kann. Die Schauspielerin, die plötzlich auch Kinderbücher schreibt, ein Autohaus führt oder für den Landtag kandidiert – und damit erfolgreicher ist als diejenigen, die das Handwerk von der Pike auf gelernt haben.

Wer dieses Metakapital nicht hat, wer es nicht schafft, prominent zu werden und so zum Zentrum zu gehören, der ist erst einmal enttäuscht. Warum die, warum nicht ich? Was viele von uns auf *Facebook* versuchen oder auf *YouTube*, wenn sie erzählen, was sie essen, wo sie trainieren und wie sie die coolsten Mädels oder Jungs abschleppen, zielt auf dieses Zentrum. Vielleicht geht dieser Tweet viral, vielleicht werde ich jetzt entdeckt. Nick Couldry meint, dass Medienpräsenz die »versteckten Verletzungen« heilt, die entstehen, wenn das Bedürfnis nach Aufmerksamkeit nicht befriedigt wird. Und alle anderen, alle, die nicht auf der Mattscheibe erscheinen, würden wenigstens die Art und Weise übernehmen, wie in den Massenmedien Realität konstruiert wird. Couldry nennt das »naturalization«. Die Massenmedien produzieren Kategorien und ›Fakten‹, die wir in unseren Alltag und in unsere Weltanschauungen einbauen, ohne es zu merken.

Jede Kritik der Medienrealität, zu der unser Handeln und Denken werden oder schon geworden sind, zielt folglich auch auf Aufklärung. Menschen helfen, sich ihres Verstandes zu bedienen, und ihnen Mut machen, wenigstens zu manchem von dem Nein zu sagen, was sie glauben tun zu müssen, weil sie es nicht anders zu kennen glauben und weil andere es auch so tun. Die Medienrealität ist kein Naturgesetz, sondern von Menschenhand gemacht. Wenn der Imperativ der Aufmerksamkeit droht, das System der Massenmedien von innen zu zerstören (weil er Journalisten zum Beispiel daran hindert, der Gesellschaft Orientierung zu geben), dann ist ein Alltag, der sich an diesem Imperativ orientiert, eine erste Bedrohung von außen. Wie liefern freiwillig und kostengünstig genau das, wonach alle Medienleute ohnehin händeringend suchen: Material, mit dem sich die Reichweite maximieren lässt.

Medialisierung

Realität wird allerdings nicht nur im persönlichen Alltag Medienrealität. Viel stärker als durch Privatleute, die sich an der Handlungslogik des Systems Massenmedien orientieren, wird die Funktionalität dieses Systems durch das bedroht, was zur gleichen Zeit und auf ganz ähnliche Art und Weise in anderen sozialen Funktionssystemen passiert – in der Politik und in der Wirtschaft, in Kunst, Wissenschaft, Justiz und Sport, in der Erziehung, in der Religion und in der Gastronomie. Eigentlich überall.

Ich nenne diesen Prozess Medialisierung, obwohl ich weiß, dass dieser Begriff oft anders verwendet wird und deshalb falsch verstanden werden kann. Es gibt Medienforscher, die Medialisierung (oder Mediatisierung) überall dort am Werk sehen, wo zwischenmenschliche Kommunikation über Technik läuft. Smartphone, *Facebook*, Skype. Der Bildschirm in der U-Bahn und im Fitnessstudio, die Kameras im Parkhaus, im Supermarkt, auf dem Alexanderplatz. Die riesigen Leinwände auf den Bühnen von Frank Castorf, Videos auf der Documenta. Mediatisierter Alltag, mediatisiertes Theater, mediatisierte Kunst. Medien, Medien, Medien.

In diesem Buch bedeutet der Begriff etwas anderes. Ich spreche von Medialisierung, wenn Akteure (bewusst oder unbewusst) ihre Strategien an die Medienlogik anpassen, ihre Ressourcen entsprechend umschichten oder die Programme von sozialen Funktionssystemen umschreiben – wenn der Imperativ der Aufmerksamkeit also auch jenseits der Massenmedien gilt und die Gesellschaft verändert. Sozialer Wandel ist immer dann Medialisierung (und nicht Globalisierung, Kommerzialisierung, Individualisierung), wenn er durch die Orientierung an der Handlungslogik der Massenmedien ausgelöst wird – genauer: durch die Annahme, dass Massenmedien wirken.

Das führt zurück zu Uwe Schimanks Ansatz der Akteur-Struktur-Dynamiken und zu der Idee, dass Politikerinnen und CEOs, Fußballmanager und Hochschulpräsidentinnen, Intendanten und Richterinnen andere Akteure nicht nur beobachten, sondern erstens zumindest auf einer abstrakten Ebene wissen, nach welcher Logik in den verschiedenen sozialen Funktionssystemen gehandelt wird (in der Wirtschaft geht es um Geld, in der Politik um Macht, in der Wissenschaft um Wahrheit), und zweitens auch eine Vorstellung davon entwickeln, ob und wie andere Akteure sie daran hindern können, die eigenen Interessen durchzusetzen. Die Vorsitzende einer Volkspartei muss sich, um das vielleicht etwas platt zu illustrieren, im Moment eher nicht an Wissenschaft oder Kunst orientieren, weil von dort kaum Gefahr für ihre Macht droht. Sie habe keinen wissenschaftlichen Assistenten berufen, sondern einen Verteidigungsminister, Plagiat hin oder her. Man weiß, dass es nicht die Universitätskommissionen waren, die Angela Merkel zum Umdenken brachten.

Öffentliche Aufmerksamkeit und öffentliche Legitimation sind zu knappen Ressourcen geworden, die nicht nur die Bundeskanzlerin benötigt. Man muss dabei gar nicht an die Attentäter von Paris, Brüssel, Nizza denken oder an Donald Trump, gewissermaßen die fleischgewordene Handlungslogik der Massenmedien. Immer noch eine Nummer größer, immer noch eins drauf. Das Prinzip ist eine Etage tiefer ganz gleich. Ob Großvorhaben wie Stuttgart 21, Karrieren, politische Ideen oder wissenschaftliche Projekte: Über Erfolg und Misserfolg wird auch in der Arena der Öffentlichkeit entschieden. Entscheidungsträger haben mit den Folgen von Medienberichterstattung zu rechnen und können versuchen, diese zu unterbinden, sich darauf einzustellen oder die Handlungslogik des Systems Massenmedien in ihre Strategien einzubauen und so für ihre Interessen zu nutzen. Einerseits negative Schlagzeilen verhindern und andererseits Medienleute so ködern, dass sie entweder positiv berichten (und dann auch möglichst viel) oder nur über Dinge, die den eigenen Zielen nicht im Weg stehen – das ist Medialisierung. Im reichen Deutschland ist der Köder dabei eher selten Geld (Journalistinnen und Journalisten werden meist ordentlich bezahlt), sondern Stoff, der dem Imperativ der Aufmerksamkeit folgt. Exklusives, Unerhörtes, Spektakuläres. Menschen, die gut aussehen. Geschichten, die man so noch nicht gehört hat. Die Elbphilharmonie.

Die Kapitel 3 und 4 zeigen, wie die Handlungslogik der Massenmedien die Gesellschaft auch jenseits unseres Privatlebens und sagenumwobener Bauwerke verändert hat. Mehr Geld und mehr Personal für die Öffentlichkeitsarbeit. Viel mehr Geld und viel mehr Personal. Andere Typen an der Spitze und überall da, wo man gesehen werden kann. Anders bedeutet: eloquent, sympathisch und schön, trainiert für den Umgang mit den Medien oder ein Naturtalent wie Thomas Müller. Gebäude, die kamera-tauglich sind und etwas hermachen, so oder so. Events, Events, Events und überhaupt ein neuer Takt im Jahresrhythmus. Herausstechen aus der Masse, anders sein – als Kneipe, als Gymnasium und als Basketballprofi, als Theater, als Museum, als Universität.

Medialisierung als Bedrohung für die Massenmedien

Auf den ersten Blick ist das alles verlockend. Was könnte uns Besseres passieren als eine Realität, die nach dem Imperativ der Aufmerksamkeit umgebaut wird? Lehrer, die unterhalten wie einst Thomas Gottschalk, Chefs, die im Fernsehen auftreten könnten, und Orte, die ganz automatisch anziehen, weil uns die Geschichte gefällt, die sie erzählen, und wir wissen wollen, wie es weitergeht. Wohin wir uns auch wenden: Es hat etwas. Es spricht uns an. Sogar die Schule nebenan, die Kneipe um die Ecke und unsere Lieblingsmannschaft sowieso.

Auf den zweiten Blick allerdings (durch die Brille Resilienz) bedroht die Medialisierung aller gesellschaftlichen Bereiche das, was wir von den Massenmedien erwarten dürfen: Herstellung von Öffentlichkeit, Kritik und vor allem Kontrolle der Mächtigen. Das, was Ulrich Wickert als guten Journalismus definiert hat: aufklären. Das Wichtige vom Unwichtigen trennen und so Orientierung liefern. Den Mut haben, gegen Denktabus anzuschreiben und anzusenden. Die Dinge beim Namen nennen.[34]

In der medialisierten Gegenwart stoßen Wickerts Erben immerzu und überall auf Hochglanzfassaden und mundgerechte Bissen. Auf das, was Klicks bringt, Quote, Auflage. Hergerichtet und vorbereitet von PR-Profis, die um den Wert positiver Medienberichte wissen und unsere Aufmerksamkeit genau dahin lenken wollen. Schau da, eine Premiere mit Promi soundso und Sternchen immerdabei. Bilderbuchfotos, fast wie Obama und Merkel vor weiß-blauer Alpenkulisse. Und dort, Torjäger schimpft über Ex-Trainer. Innenminister über Bürgermeister. Oberpolizist über Gaffer. Und dann auch noch Krach bei dem Traumpaar, von dem wir so lange nichts gehört haben. Exklusiv für mich, drei Stunden vor der Konkurrenz.

Vielleicht ist der Profifußball ein Extrembeispiel, aber der Trend geht nicht nur dort zu journalismusfreien Medienprodukten, die sich als Journalismus tarnen und dafür Menschen mitspielen lassen, die sich Journalisten nennen. Die Bilder kommen vom Veranstalter (von der FIFA, von der UEFA, von der DFL), Spieler, Trainer und Offizielle sind darauf geeicht, selbst auf die besten Fragen nichts zu sagen, und wenn doch etwas durchrutscht, was nicht im Skript stand, springen ihnen PR-Profis zur Seite, die die Veröffentlichung entweder verhindern oder die Folgen mildern. Es gibt nur einen Thomas Müller. Und dass es nur einen Rudi Völler gibt, wussten die Fans schon, bevor Waldemar Hartmann vor laufender Kamera zum Säufer gemacht wurde.[35] 2003. Auch deshalb unvergessen, weil der Bundestrainer damals zwar schon ein Original sein musste (anders als Jupp Derwall oder Berti Vogts), aber noch reden durfte, wie ihm der Schnabel gewachsen ist.

Stefan Schulz, der bei der *Frankfurter Allgemeinen Zeitung* war und jetzt Grabreden auf den deutschen Journalismus hält, hat 2016 geschrieben, dass allein das Presse- und Informationsamt der Bundesregierung in Berlin 444 Menschen beschäftigt, die Apparate der einzelnen Ministerien und so weiter noch gar nicht mitgezählt. »Demgegenüber treffen sich in den überregionalen Tageszeitungen morgens in keiner Politikredaktion mehr als dreißig Menschen, um den Tag zu planen.«[36] Ein Häuflein Aufrechter gegen ein übermächtiges Heer von außen: Das hat schon an den Thermopylen mit den Persern nicht wirklich funktioniert, auch wenn die Spartaner bis heute fast so verehrt werden wie Ulrich Wickert oder Hanns Joachim Friedrichs.

Um nicht falsch verstanden zu werden: PR ist vollkommen legitim, für Fußballklubs genauso wie für Regierungen oder Universitäten. Jeder soll seine Interessen in der Öffentlichkeit artikulieren können und dort zur Not auch mit Zähnen und Klauen verteidigen. Medialisierung ist mehr. Medialisierung ist, wenn Politiker ihre Rede auf den einen Satz zuspitzen, der garantiert nicht durch das Selektionsraster der Journalisten fällt. Wenn Bürokratien Fälle vorziehen oder sogar anders entscheiden, um in den Massenmedien gut dazustehen. Wenn Theater Leute auf die Bühne stellen, die zwar nicht sprechen können, aber so bekannt oder ungewöhnlich sind, dass die Kritiker in Scharen gelaufen kommen. Wenn Sportverbände ihre Wettbewerbe fernsehtauglich machen und dafür buchstäblich alles opfern. Andere Regeln, anderer Modus, andere Sieger. Wer nach der Resilienz von sozialen Funktionssystemen, von Institutionen oder von Organisationen fragt, muss Medialisierung, muss den Imperativ der Aufmerksamkeit in jedem Fall als Bedrohung sehen.

Ursachen von Medienwandel und Medialisierung: zwei Antwortversuche

Wie hat es der Imperativ der Aufmerksamkeit geschafft, erst unmerklich die Medienrealität zu ändern, dann das umzukrempeln, was jenseits der Massenmedien in der Arbeitswelt passiert, in der Freizeit, im Privatleben, und sich schließlich selbst zu verstärken, weil diese neuen Realitäten nicht ohne Folgen bleiben konnten für das, was Journalisten berichten? Und warum haben wir von all dem so wenig bemerkt? In seinem Buch *Die smarte Diktatur*, in dem es um das geht, was die neuen Kommunikationstechnologien aus uns und aus der Gesellschaft machen, hat Harald Welzer auch gegen das Phänomen der »shifting baselines« angeschrieben, gegen »den Umstand, dass Menschen in sich wandelnden Umgebungen den Wandel nicht registrieren, weil sie ihre Wahrnehmungen permanent parallel zu den äußeren Veränderungen nachjustieren«.[37] Wer weiß schon noch, wie die *Tagesthemen* mit Hanns Joachim Friedrichs aussahen? John Kerry und Joe Biden: Die beiden hätte es dort bestimmt geben können, aber nicht mit Radtour, Beinbruch und Trauerfall.

Wer die Wissenschaft nach Ursachen für den sozialen Wandel fragt, bekommt viele Antworten. Mindestens. Abhängig von der Theorie, vom Menschen- und Gesellschaftsbild. Nick Couldrys Mythos vom medialisierten Zentrum zum Beispiel, der von Medienleuten genauso gefüttert wird wie von Politikern, weil beide Gruppen ganz gut davon und damit leben. Der Soziologe Armin Nassehi dagegen würde gar nicht antworten und schon die Diagnose Medialisierung für abwegig halten. Der Systemtheoretiker in Nassehi sagt: Schluss mit einfachen Kausalitäten. Weg von Wahrheiten und Lösungen, weg mit Konzepten wie Durchökonomisierung, Politisierung und Juridifizierung, Verwissenschaftlichung oder eben Medialisierung. Hin zu der Einsicht, dass es keine Ursachen gibt, keine Strategie, die sicheren Erfolg verspricht, und folglich auch kein lineares Narrativ. Alles passiert gleichzeitig und hat doch nicht viel miteinander zu tun. Warum also an die Vernunft appellieren (von Bürgern, von Politikern, von Unternehmern), warum auf irgendeine Form der Einsicht hoffen (von wem auch immer), warum ›Wissen‹ für irgendeine ›Praxis‹ produzieren?

Nassehis Gesellschaft besteht aus sozialen Funktionssystemen, »die die Welt mit ihrer je eigenen Logik, mit einem je eigenen Blick wahrnehmen und sich darin bewegen«. Wissenschaft macht Wissenschaft und sonst nichts, und Massenmedien wählen Neues aus und das, was die Aufmerksamkeit maximiert. That's it. Da können Ruderer und Freizeitgeher klagen, wie sie wollen: Berichtet wird über Fußball und über Streitereien, am besten zwischen Star und Coach. Noch klarer formuliert: Kein Politiker, kein Ökonom und kein Jurist kann der Wissenschaft oder den Massenmedien sagen, was sie zu tun haben – und umgekehrt auch nicht darauf hoffen, dass er in Fachzeitschriften oder im Fernsehen irgendetwas findet, was ihm bei der Lösung seiner Probleme hilft. Folgt man Nassehi, dann hat erst der Verzicht auf »externe Stoppregeln« den »unterschiedlichen Logiken« erlaubt, sich »an sich selbst scharf zu stellen«. Wer in die Wissenschaft oder in die Massenmedien hineinregiert, macht aus ihnen Politik, Wirtschaft oder Recht und verhindert, dass sie das leisten, was Wissenschaft und Massenmedien leisten können. Das Gefühl der Krise ist in solchen modernen Gesellschaften gewissermaßen Teil des Bauplans: Die unterschiedlichen Logiken sind nicht miteinander zu koordinieren, auch wenn »wir das stets und alltäglich versuchen müssen«.[38]

Diese Beschreibung der Unmöglichkeit, Gesellschaft zu beschreiben und gar Wandel zu erklären, wird hier so ausführlich zitiert, weil sie genau das leistet, was angeblich gar nicht geht. Sich an sich selbst scharf stellen: Das ist mit den Massenmedien passiert, seit die Politik in Deutschland kommerzielle TV- und Radiokonkurrenz zugelassen und damit weitgehend die Kontrolle über das aufgegeben hat, was wir sehen, hören, lesen können. Internet und Social Media haben die Schraube nur zwei Schleifen weitergedreht. Und wenn gerade die gegenseitige Wahrnehmung der unterschiedlichen Logiken und die entsprechenden Übersetzungskonflikte die größte Leerstelle moderner Gesellschaften sind, wie Armin Nassehi meint, dann ist mehr als plausibel, warum öffentliche Aufmerksamkeit, warum Medienpräsenz so wichtig geworden ist. Wo sonst sollen wir erklären, was uns umtreibt, wo sonst können wir erfahren, wie all die anderen ticken? Am Ende seines Buchs schlägt Nassehi ein »Parlament der Funktionen oder Logiken« vor – einen Ort, an dem »unterschiedliche Problemlösungskompetenzen und -tools aufeinandertreffen« und »die Differenzen, um die es geht, angemessen« bearbeiten.[39] Wenn die Logiken schon nicht miteinander vereinbar sind, sollen sie wenigstens miteinander reden. Nichts leichter als das, denn diesen Ort gibt es eigentlich schon: die Massenmedien. Das Gedächtnis der Gesellschaft, ein System, das allgemeine Wahrnehmung garantiert. Einziges Hindernis, damit dieser Ort zu einem »Parlament der Logiken« wird: der Imperativ der Aufmerksamkeit, der das System als Geisel genommen hat.

Einer der Antipoden von Armin Nassehi in der Soziologie ist Hartmut Rosa, der sich selbst in der Tradition von Karl Marx und der Frankfurter Schule sieht und die Gesellschaft folglich über die Produktionsverhältnisse erklärt. Die Spätmoderne beginnt für Rosa mit den »Umbrüchen um 1990«, »als die politische Revolution des Mauerfalls, der Übergang zu postfordistischen Just-in-time-Produktionsweisen, die Deregulierung der Finanzmärkte und die digitale Revolution zu einem gewaltigen Dynamisierungsschub führten«.[40] Anders als der Systemtheoretiker Nassehi kennt Rosa das Konzept von Ursache und Wirkung. Seit seinem Buch *Beschleunigung* (2005) weiß man, dass es nichts mit der Technik zu tun hat, wenn sich die Welt um uns herum immer schneller verändert, das Wissen von heute schon morgen nicht mehr reicht und der Alltag zur Multitasking-Wiese wird. Kein Mittagsschlaf mehr und kein Nickerchen zwischendurch, telefonieren beim Joggen, schneller essen und ein Buch wie dieses bitte in acht Wochen, höchstens (schreiben, nicht lesen). Die Technik spart Zeit, sagt Rosa. Spülmaschine, Hotel buchen ohne Reisebüro, Kurznachricht statt Meeting. Wo bleibt sie nur, all die Zeit, die wir so gewinnen? Hartmut Rosa: Sie wird aufgefressen von legitimen Erwartungen, von To-do-Listen, die immer länger werden und auf denen jeder Punkt seine Berechtigung hat. Ein guter Vater sein und vorbereitet ins Seminar kommen, sich um die Eltern kümmern, um die eigene Gesundheit und möglichst auch um die Altersvorsorge. Ein ›gutes Leben‹

führen. Bei Rosa hat dieser Erwartungsberg mit dem Kapitalismus zu tun, mit der Ökonomisierung vieler Lebensbereiche, die von uns permanent Entscheidungen verlangt. Handyvertrag, Stromanbieter, Kindergarten, Salatzutaten. Immer das Beste und möglichst immer mehr. Hartmut Rosa nennt das Selbsterhalt durch Steigerung oder dynamische Stabilisierung.[41]

Seine Lösung heißt *Resonanz*, noch fast frisch auf dem Buchmarkt. Eine Antwort auf die »Frage nach dem guten Leben«. Die »Qualität der Weltbeziehungen«: Darauf komme es an. »Auf die Art und Weise, in der wir als Subjekte Welt erfahren und in der wir zur Welt Stellung nehmen; auf die Qualität der Weltaneignung.« Resonanz: das Leben lieben. Das Gefühl haben, »etwas erreichen oder bewegen zu können«, und sich dabei zugleich als »berührbar« erfahren, »von anderen Menschen, von Pflanzen und Bergen, von Musik, von Geschichten, von Herausforderungen«.[42] Das Problem und zugleich der Link zu diesem Buch: Hartmut Rosa weiß, dass wir die Welt in aller Regel nicht über unmittelbaren körperlichen Kontakt erfahren, »sondern über mediale Vermittlung«. Heute sind Bildschirme das »Leitmedium nahezu aller Weltbeziehungen«, »eine Art Nadelöhr«, das die »physische Welterfahrung« reduziert.[43]

Richtig viel anfangen kann der Soziologe Rosa mit diesem Befund allerdings nicht. Er schreibt zwar über die »Kultur des gesenkten Blicks« (Smartphone!), die Kontakt mit Fremden verhindere, und über die Sucht, die das Vibrieren in der Tasche auslöst (Resonanzsignale!), und er weiß auch, »dass Menschen geschichtenerzählende Wesen sind«, dass sich der »Sinn für das Wichtige« in »sozialen Praktiken und Interaktionen« herausbildet und dass die »Grenzen der Sprache« nicht nur »die Grenzen dessen« bestimmen, »was es gibt, sondern auch die Formen der möglichen Bezug- und Stellungnahme dazu«. Massenmedien als zentrale Quelle unserer »kognitiven Landkarten« aber geraten ihm genauso wenig in den Blick wie der Imperativ der Aufmerksamkeit, der die Handlungslogik des Systems verändert hat und vieles von dem erklären kann, was er der ökonomisch getriebenen Steigerungslogik der Spätmoderne zuordnet. Wenn Rosa fragt, wer oder was verhindert, dass wir das Leben lieben und genießen können, und wo der Revolutionär im 21. Jahrhundert folglich ansetzen muss: Hier hat er eine Antwort.[44]

Vieles von dem, was Hartmut Rosa über die Spätmoderne schreibt, taucht in den Kapiteln 3, 4 und 5 dieses Buchs unter der Überschrift Medialisierung auf. Die Arbeit am eigenen Körper zum Beispiel. Shoppingcenter, die diesen Körper bedienen und sonst nichts. Das Verlangen, »dass die Welt, in der wir uns bewegen, und dass die Dinge, die uns umgeben, ansprechend sein sollen«. Eltern, die von der Geburt an nichts weiter im Sinn haben als die »Förderung der Wettbewerbsfähigkeit ihrer Kinder«. Eine Kunst, der es längst nicht mehr um »mimetische Nachahmung« geht, »um die Tradierung künstlerischer Formgesetze oder die Erfüllung der Vorgaben ›alter Meister‹, sondern um Innovativität, Originalität und Überbietung«. Personalisierung, Superlative und nie Dagewesenes, schöne Dinge: nichts anderes liefern uns heute Massenmedien und soziale Netzwerke, die schon deshalb unsere Erwartungen an ein ›gutes Leben‹ genauso prägen wie unser Verhalten, weil sie omnipräsent sind und so den Modus auch für Offline- und interpersonale Kommunikation vorgeben.[45]

Medialisierung versus Ökonomisierung. Und zum Schluss zur Resilienz

Hartmut Rosa könnte fragen, warum ich von Medialisierung spreche und nicht gleich wie er von Ökonomisierung – wenn sich doch die Handlungslogik des Systems Massenmedien seit dem Abgang von Hanns Joachim Friedrichs zum kommerziellen Pol verschoben hat und es in diesem System folglich nur noch um Reichweitenmaximierung geht und damit um Gewinn. Der Unterschied ist klein, aber fein. Der Begriff Medialisierung beschreibt das, was sich verändert, weil Akteure entweder auf Medienpräsenz aus sind oder negative Berichte verhindern wollen. Dabei mag es letztlich auch um Geld gehen (also Ökonomisierung: mehr Zuschauer im Stadion, mehr Sponsoren, höher dotierte Fernsehverträge), Motor des Wandels ist jedoch zunächst das, was diese Akteure als Handlungslogik des Systems Massenmedien wahrnehmen. Es soll etwas verkauft werden, das schon, die Währung heißt aber öffentliche Aufmerksamkeit und öffentliche Legitimation – zu vergeben von einem Publikum, das (wenn es denn überhaupt zahlt) ein schwer überschaubares Gesamtpaket bucht (etwa über Rundfunkgebühren oder Abonnements), ohne die Inhalte vorher zu kennen, und von den Medienunternehmen dann selbst weiterverkauft wird, zum Beispiel an Werbekunden.

John Kerry und Joe Biden. Damit hat diese Einleitung angefangen, und damit geht es im zweiten Kapitel weiter. Die Realität in den Medien. In Deutschland, heute und vor 30 oder 40 Jahren. Genau wie die Kapitel 3 bis 5, die dann beschreiben, wie die Orientierung an der kommerziellen Medienlogik unser Leben und alles um uns herum verändert hat, stützt sich dieser

Abschnitt auf zahlreiche Seminar- und Abschlussarbeiten, von denen die meisten im Blog Medialisierung dokumentiert sind.[46] Im sechsten Kapitel geht es schließlich um Resilienz: Was können wir tun, damit das System Massenmedien das leistet, was eine demokratische Gesellschaft (meinetwegen auch in der Spätmoderne) von ihm erwarten kann? Können wir überhaupt etwas tun, oder sollen wir lieber mit Armin Nassehi glauben, dass weder Appelle helfen noch alle Versuche, etwas zu ändern, selbst wenn diese Versuche gut gemeint sein sollten? Nassehi würde sagen: Lehnt euch zurück und harrt der Dinge, die passieren werden. Ging ja bisher immer gut. Dieses Buch hält es eher mit Hanns Joachim Friedrichs und Ulrich Wickert. Aufklären, die Dinge beim Namen nennen und so Orientierung bieten. Wo wir arbeiten und überall dort, wo wir sonst sind, übernimmt der Imperativ der Aufmerksamkeit das Zepter. Das zu erkennen ist vielleicht schon ein erster Schritt in Richtung ›gutes Leben‹.

2 MEDIENLOGIK
WIE JOURNALISTEN HEUTE REALITÄT ERSCHAFFEN

»WIR SAGEN, WANN ES KALT IST«

Auch dieses Kapitel beginnt an einem Fernsehsonntag, allerdings nicht in den USA, sondern in einem Land vor unserer Zeit, am 7. Juli 1974, in der alten Bundesrepublik. Im Münchener Olympiastadion sitzt Rudi Michel am Mikrofon. Auf dem Bildschirm steht »Sprecher«. Und Michel spricht. »Die wichtigste Nachricht, als Ergänzungsmeldung für Sie, zu dem, was Sie in den Zeitungen gelesen haben: Die Aufstellung ist so geblieben, wie sie bereits gestern veröffentlicht wurde und auch heute Morgen in den Sonntagsblättern; sowohl bei der Mannschaft der Niederlande als auch bei der Elf der Bundesrepublik Deutschland.«[1] Man sieht ein paar Funktionäre im Bild, vermutlich von der FIFA, Helmut Schmidt, den damaligen Bundeskanzler, und ein Meer aus Deutschlandfahnen, aber das alles ist Rudi Michel egal. Daheim im Wohnzimmer hört man stattdessen den Stadionsprecher, der die Aufstellung vorliest, und das, was die Fans zu jedem Spielernamen zu melden haben. Fernsehen als

Fenster zur Welt. Eine Fußballübertragung, die uns dabei sein lassen möchte, auch wenn wir in Hamburg sitzen oder gar in der DDR. Der Fernsehzuschauer als privilegierter Besucher, auf dem Platz direkt neben einem Experten. Rudi Michel: »Schönen Dank. Der Stadionsprecher hat mir einige Arbeit abgenommen.« Dann wiederholt er die Namen trotzdem und ergänzt Rückennummer und Position, »zur besseren Orientierung«. Johan Cruyff, Mittelstürmer, Nummer 14.

Zur deutschen Aufstellung hätte Rudi Michel durchaus etwas sagen können. Jupp Heynckes etwa sitzt nur auf der Bank und Günter Netzer nicht einmal dort. Dafür spielen Uli Hoeneß, Rainer Bonhof, Jürgen Grabowski und Bernd Hölzenbein. Hoeneß hat später erzählt, dass er die Nacht vor dem Spiel mit 39 Grad Fieber im Bett geschwitzt habe. »Ich war so geschwächt, dass ich kaum auf den Beinen stehen konnte.«[2] Nach knapp einer Minute foult Hoeneß Johan Cruyff, den Superstar der Niederlande. Rudi Michel: »Cruyff gegen Vogts. Cruyff am Ball, und Freistoß. Oder Elfmeter? Es war innerhalb des Strafraums, dieses Vergehen.« Kein Drama und keine Emotion, keine Zweifel am Schiedsrichter, keine Kritik am Bundestrainer, der für Cruyff einen Sonderbewacher abgestellt hat, auch dann nicht, als Berti Vogts kurz darauf Gelb sieht. Im WM-Finale, in der fünften Minute, beim Stand von 0:1. Vogts sei einfach »zu langsam« gewesen, sagt Uli Hoeneß Jahrzehnte später. »Da musste ich einschreiten.« Foul? Ja, schon. Aber außerhalb. »Cruyff ist geschickt gefallen, aber der Elfmeter war unberechtigt. Genauso wie der für uns.«

Der Fernsehzuschauer erfährt von alldem nichts. Er sieht, wie Franz Beckenbauer den Arm hebt und vorsichtig meckert. Kurz nur, denn es geht blitzschnell weiter. Rudi Michel: »Neeskens, der schon zwei Elfmeter verwandelt hat für seine Mannschaft in diesem Turnier, läuft an.« Pause. »Nichts zu machen für Maier.« Den neuen Spielstand sagt auch im Fernsehen der Stadionsprecher an. Rudi Michel spricht, als wäre nichts passiert. »Hölzenbein, von Suurbier gefoult. Breitner. Müller. Breitner.« Pause. »Wieder Cruyff am Ball. Vogts, Neeskens, Cruyff. Und wieder Freistoß gegen die deutsche Mannschaft.« Lange Pause. Dann: »Verwarnung für Berti Vogts. Das wird natürlich seine Nerven nicht bessern. Die erste harte Attacke von ihm, knapp hinter der Strafraumgrenze, führte ja bereits zu einem Elfmeter. Und es war das dritte Foul gegen Cruyff.«

War es nicht, wie neben dem Gedächtnis von Uli Hoeneß auch die Fernsehbilder belegen, aber darauf kommt es hier nicht an. Das WM-Finale von 1974 ist anders als alles, was wir heute von einem solchen Ereignis erwarten würden – sowohl auf dem Platz, neben dem Platz und im Stadion als auch im Fernsehen. Im dritten Kapitel wird es auch darum gehen, was die kommerziellen Sender aus dem Fußball gemacht haben, aus Trainern, Spielern und Spiel. Was damals Totaalvoetbal hieß, totaler Fußball, ein Stil voller Eleganz und Genialität, dem die Welt bis zum Finale von München zu Füßen lag, würde heute nicht einmal mehr bei den alten Herren durchgehen. Langsam, fast bedächtig, vorgetragen von schlaksigen Jungs, die vermutlich nicht wissen, was ein Fitnessstudio ist und wo der nächste Stylist praktiziert. Auch Helmut Schön, der Bundestrainer, ist weder besonders gut frisiert an diesem ersten Sonntag im Juli 1974 noch irgendwie auffällig gekleidet. Wenn sein Gesicht auf dem Bildschirm erscheint (was nicht sehr oft passiert), sitzt Schön. Selbst nach den Toren, keine Regung im Gesicht, fast eine Kopie des Sprechers. Warum sollte Helmut Schön auch an der Seitenlinie tanzen, im Lärm der knapp 80 000 im Stadion, so ganz ohne Trainerkamera, die selbst dann dabei ist, wenn die Hände in die Hose rutschen? Auch die Spieler müssen sich um ihre Haare keine Gedanken machen. Nahaufnahmen? Fehlanzeige. Rudi Michel: »Rijsbergen. Starker Mann in der niederländischen Abwehr, der Vorstopper von Feyenoord.« Mehr Persönliches gibt es nicht. Keine Wechselgerüchte, nichts zum Marktwert, keine Lebensgeschichte. Nicht einmal das Alter. Michel sagt überhaupt sehr wenig. Allein zwischen der 15. und der 30. Minute macht er 13 lange Pausen, jeweils mehr als 15 Sekunden ohne ein Wort. Seine Stimme hebt der Sprecher kaum, auch nach den Toren von Paul Breitner und Gerd Müller nicht. Wieder muss der Stadionsprecher helfen, nüchtern, sachlich.

Rudi Michel hat drei WM-Endspiele mit deutscher Beteiligung kommentiert. Er war 1966 schon im Dienst und 1982 immer noch. 1986, als es das erste Mal gegen Argentinien geht, darf Rolf Kramer sprechen. Etwas weniger Pausen als Michel, etwas mehr Emotion, Wertungen. Kramer sagt fast etwas verschämt, dass er der Mannschaft die Daumen drückt, nennt Diego Maradona ein »Fußballgenie« und ruft nach dem 0:1: »Das gibt's doch nicht. Der Toni Schumacher springt da am Ball vorbei. Brown ist der Torschütze. Das hab ich eigentlich noch nie gesehen.« Und dann nach der Zeitlupe: »Was soll's. Er hat so viele große Partien gemacht, und es klingt immer billig, wenn da ein Reporter oben von der Fernsehtribüne von Torwartfehlern redet.« Sonst aber hat sich nicht viel geändert. Kein Wort, als der große Felix Magath in der 62. Minute das Feld verlässt (und damit die Nationalmannschaft für immer), nichts zur Aufstellung, obwohl Kapitän Rummenigge trotz Verletzung von Anfang an dabei ist.

Vier Jahre später, als es wieder gegen Argentinien geht, sitzt dieser Kapitän selbst am Mikrofon, neben Gerd Rubenbauer: »Ja, Kalle, super Stimmung hier im Stadion. Ein Karl-Heinz Rummenigge, ich hab das vorher so aus der Nähe verfolgen können (ein süffisantes, wissendes Lächeln im jungen Rubenbauer-Gesicht), zuckt da immer noch so ein bisschen zusammen, denn beim letzten Mal, Kalle, vor vier Jahren in Mexiko, und in Spanien 82, gab's natürlich den Wunschtraum, Karl-Heinz Rummenigge: Fußballweltmeister. Welche Gefühle beschleichen denn einen Spieler jetzt, in solchen Momenten?« Geplatzte Träume in einer öffentlich-rechtlichen Fußballübertragung. Der Zuschauer daheim bekommt jetzt etwas anderes als der Fan im Stadion. Braungebrannte Kommentatoren, Gefühle, eine Geschichte. 1982, 1986, 1990. Das muss doch klappen, im dritten Anlauf.

Wandel der Medienlogik: Theorie

Gerd Rubenbauer ist nicht nur fast 30 Jahre jünger als Rudi Michel (und zehn Jahre jünger als Rolf Kramer). Rubenbauer arbeitet 1990 in einer völlig neuen Fernsehwelt. Mit dem Verkauf der Bundesligaübertragungsrechte an RTL beginnt das, was der Historiker Nils Havemann eine »Revolution im Sportfernsehen« genannt hat.[3] Die Sendungen *Anpfiff* (Start 1988) und dann vor allem *ran* (SAT.1, 1992) machen aus dem Sport eine Show und erschaffen eine Unterhaltungsmaschine, die von Stars lebt, immer neue Jahrhundertspiele erfindet und bei Großereignissen längst in alle Ressorts hineinwuchert.[4] Als Rubenbauer 1990 im

Olympiastadion von Rom neben Karl-Heinz Rummenigge sitzt, ist das fast alles noch Zukunftsmusik. *Anpfiff* ist nicht im ganzen Land zu empfangen, so dass auch die *Sportschau* weiter von der Bundesliga berichten darf. Aber immerhin: RTL-Moderator Ulli Potofski sieht ganz anders aus als die Michels und Kramers von der ARD, er bleibt mit wirren Locken und riesiger Brille drei Stunden auf Sendung und füllt die Zeit unter anderem mit Experten wie Günter Netzer oder Erika Berger und manchmal sogar mit einer Wahrsagerin. Wer wird Meister, natürlich. 1989 angeblich der VfB aus Stuttgart. Und: Ulli Potofski holt die Spieler ins Studio. Andy Möller, Pierre Littbarski. Man muss gar nicht ins Archiv steigen, um sich vor dieser Sendung zu gruseln. Potofski, Möller, Littbarski. Trotzdem darf sich Gerd Rubenbauer beim WM-Finale nicht mehr auf den Stadionsprecher verlassen. Breitner, Müller, Breitner. Das geht so nicht mehr. Rudi Michel ist seit 1988 in Pension.

Fußball steht hier Pars pro Toto. Was Journalisten auswählen und wie sie dann das, was sie ausgewählt haben, präsentieren, verändert sich. Die Technik, natürlich. Fünf Kameras 1966 in Wembley, 32 in Johannesburg 2010.[5] Bei der Europameisterschaft 2016 in Frankreich 42 in jedem Stadion. Jogi Löw hätte es wissen können. Kamera ist auch nicht gleich Kamera. Unglaublich, wie nah uns die Spieler heute selbst dann kommen, wenn sie gerade in Mexiko kicken, und was wir in ihren Gesichtern und an ihren Körpern alles lesen können. Frank Rijkaard hätte Rudi Völler im WM-Achtelfinale 1990 niemals angespuckt, wenn er sich vorher mit dem technischen Fortschritt beschäftigt hätte. Fernsehen braucht solche Bilder, die Presse vielleicht ein gutes Foto, auf jeden Fall aber Menschen, die schreiben können und Geschichten erzählen. Und das Radio braucht Stimmen wie die von Rudi Michel.

Das Konzept Medienlogik, auf das sich dieses Kapitel stützt, ignoriert die Technik nicht. Im Gegenteil. Jede Journalistin weiß um die Bedingungen, unter denen ihr Produkt hergestellt und vertrieben wird, und jeder Journalist weiß auch (ungefähr zumindest) um den Zustand, in dem sein Publikum ist, wenn es sich dieses Produkt zu Gemüte führt. Journalisten wissen aber mehr. Wie alle Akteure haben sie erstens Interessen, verfügen zweitens über Ressourcen, diese Interessen durchzusetzen, und entwickeln dafür drittens Strategien, die sich auf ihr Wissen über die Interessen und Ressourcen anderer Akteure beziehen – von Akteuren, die ihnen irgendwie in die Quere kommen könnten. Uwe Schimank nennt dieses Wissen Akteurfiktionen. Wir beobachten die Kassiererin im Supermarkt, den Parteichef, die Anwältin, den Professor. Sehr konkret, in unserem Alltag. Unsere Fiktionen sind dann etwas abstrakter (deshalb heißen sie Fiktionen) und beziehen sich auf soziale Funktionssysteme. Auf Wirtschaft, Politik, Recht, Wissenschaft. Wenn die Frau an der Kasse nett ist (oder sonst ein Akteur, der sich im Wirtschaftssystem bewegt), dann geht es nicht um Liebe, Wahrheit oder Macht, sondern um Geld.

Wer sich in den Feinheiten der soziologischen Theoriebildung auskennt, sieht schon den Clou oder kannte ihn möglicherweise längst. Uwe Schimank führt den Akteur in die Systemtheorie ein und schafft es so, die lästigen Fragen nach den Interessen zu beantworten – die Frage nach den eigenen Interessen und die Frage nach den Interessen der anderen.[6] Wer weiß schon immer so genau, was er wirklich will, und wer ist sich sicher, wie es in den Leuten aussieht, mit denen wir tagtäglich zu tun haben? Bei Schimank ist das einfach: Bei ihm helfen der binäre Code und die Programme, nach denen soziale Funktionssysteme arbeiten. In der Wissenschaft zum Beispiel wahr/falsch, umgesetzt über Theorien (etwa Schimanks Ansatz der Akteur-Struktur-Dynamiken), Methoden wie Befragungen, Inhaltsanalysen oder Experimente, für die wiederum ganz bestimmte Regeln ausgehandelt werden, und eine Forschungsethik, die sagt, was als ›gute Wissenschaft‹ gelten darf. Ein Buch wie dieses zielt auf Wahrheit und geht dieses Ziel mit den Programmen an, die andere Wissenschaftler für akzeptabel halten. Sonst ist es keine Wissenschaft, sondern Wirtschaft oder Politik.

Für die Massenmedien hat die Wissenschaft gleich mehrere Codes vorgeschlagen, die darüber entscheiden sollen, ob etwas zum System gehört oder nicht. Information versus Nicht-Information (Niklas Luhmann für die Massenmedien und Manfred Rühl für den Journalismus), veröffentlicht versus unveröffentlicht (Frank Marcinkowski für das System Publizistik), aktuell versus nichtaktuell (Alexander Görke), mehrsystemzugehörig versus nicht mehrsystemzugehörig (Matthias Kohring, beide für das System Öffentlichkeit).[7] Auch wenn der Teufel hier im Detail zu stecken scheint, suggerieren die Begriffe letztlich Einigkeit: In diesem System geht es darum, Dinge öffentlich zu machen, die für viele von uns wichtig sind oder wichtig werden könnten. Information ist der Unterschied, der einen Unterschied macht.

Luhmanns soziale Funktionssysteme erfüllen zwar eine bestimmte Aufgabe für die Gesellschaft, sind aber weder zu steuern noch zu kontrollieren. Information versus Nicht-Information. Punkt. Oder eben veröffentlicht versus unveröffentlicht. Wie ein solches System Umweltreize verarbeitet, ist kontingent – alles kann *so* sein, aber auch *anders*.[8] Hier wurzelt *Die letzte Stunde der Wahrheit* von Armin Nassehi, die Absage an jede Kausalität.[9] Während der binäre Code fix ist (sonst bliebe das System nicht das System), öffnet Luhmann immerhin ein Einfallstor für Bezüge nach außen und damit auch für Veränderungen – die Programme, die den Code umsetzen. Die Programme, die sagen, was als aktuell gilt, was veröffentlicht werden darf, was wichtig ist, weil es viele betrifft, was einen Unterschied macht. In Uwe Schimanks Versuch, Handlungs- und Systemtheorie zu verknüpfen, wird dieses Einfallstor größer: Hier gibt es Journalisten und Medieneinrichtungen, die sich nicht nur gegenseitig beobachten, sondern auch eine Vorstellung von Akteuren in der Umwelt des Systems haben. Was wollen Politiker, Unternehmer, Richter, und welche Ressourcen haben sie, ihre Interessen durchzusetzen? Was wollen die Kolleginnen und Kollegen, im eigenen Haus, bei der Konkurrenz? Was darf ich, was dürfen diese Konkurrenten?

Ulli Potofski durfte bei RTL mehr als Rudi Michel oder Rolf Kramer im *Ersten*. Seine Sendung *Anpfiff* sollte über Werbung finanziert werden (was offenbar nie wirklich gelungen ist) und nicht über Gebühren. Der Gesetzgeber verlangt deshalb von öffentlich-rechtlichen Veranstaltern mehr als von privaten. »Auftrag« steht im Rundfunkstaatsvertrag. »Medium und Faktor des Prozesses freier individueller und öffentlicher Meinungsbildung« sein, »einen umfassenden Überblick« liefern und so zur »internationalen Verständigung« beitragen, zur »europäischen Integration« und zum »Zusammenhalt in Bund und Ländern«. Ein großer Auftrag. Bei den Privaten ist das alles zwei Nummern kleiner. Die »Vielfalt der Meinungen im Wesentlichen zum Ausdruck« bringen, bedeutende Kräfte »angemessen zu Wort kommen« lassen.[10] Im Wesentlichen und angemessen. Und auch das nur in Vollprogrammen.

Uwe Schimank nennt solche Vorgaben des Gesetzgebers Erwartungsstrukturen. Journalisten *wollen* veröffentlichen und wissen, wie sie das tun *sollen*. Sie haben in der Ausbildung gehört, in welcher Tradition sie stehen, und haben dort über Ethik diskutiert, über Medienwirkungen sowie über die Ziele, die mit diesem Beruf verbunden werden. Was sie dann später davon umsetzen *können*, hängt auch von anderen Akteuren ab – im eigenen System und in der Umwelt dieses Systems.[11]

Wandel der Medienlogik: Empirie

Die Zulassung privater Rundfunkveranstalter hat vor allem diese Konstellationsstrukturen verändert. Es gab plötzlich mehr Akteure, die das Gleiche wollten (die Aufmerksamkeit des Publikums, aber auch Werbekunden oder die Gunst der Politik). Diese neuen Akteure sollten aber ausdrücklich etwas anderes liefern und haben damit zugleich die Erwartungen des Publikums verändert. Als die Fußballbundesliga im Spätsommer 2003 wieder in der *Sportschau* lief, konnte das *Erste* nicht mehr hinter das zurück, was zunächst Ulli Potofski und dann ab 1992 vor allem Reinhold Beckmann (*ran*) angeboten hatten. »Beckmann war ein Gott«, sagt Claudia Duchêne, die bei Sat.1 in der Entwicklungsredaktion gearbeitet hat und heute beim *Bayerischen Rundfunk* ist. »Nicht mehr vier Kameras auf dem Platz, sondern zwölf oder 14. Super-Slomo. Beckmann mit Jeansjacke. Das war revolutionär. Sat.1 hat uns gebrieft, wie die Berichte zu schneiden sind, diese sieben Minuten von einem Spiel. Erst das Tor normal, dann Wiederholung in Zeitlupe. Zuschauerjubel, Ärger Torhüter, jubelnde

Spieler. Einblendungen und Grafiken dann und dann. Alle Spiele waren gleich geschnitten. So eine einheitliche Linie hat es vorher nicht gegeben im deutschen Fernsehen. Durch Beckmann haben die Vereine begriffen, wie toll sie sind. Vorher hat niemand gewusst, dass man Sport so toll zeigen kann.«[12]

Der göttliche Beckmann (Jahrgang 1956), seine Gefolgsfrau Duchêne (1964), Ulli Potofski (1952) und selbst Gerd Rubenbauer (1948) sind in einer anderen Medienwelt groß geworden als Rudi Michel (1921), Hanns Joachim Friedrichs (1927), Rolf Kramer (1938) oder Ulrich Wickert (1942) – ohne NS-Propaganda und später dann auch immer weniger mit dem Anspruch, die Menschen erziehen zu wollen und alles so wichtig zu nehmen. Wer jung ist, muss die Erwartungen der Älteren erfüllen, zugleich aber auffallen, anders sein. Es ist leicht zu verstehen, wie die Medienrevolutionen zwei (Internet) und drei (Social Media) das System Massenmedien verändert haben: noch mehr Akteure (viel mehr Akteure), die alle das Gleiche wollen und dabei nicht nur anders sein möchten als die Etablierten, sondern dies auch können, weil es ihnen die Technik erlaubt und kein Rundfunkstaatsvertrag verbietet. *Facebook* und *Instagram*, *Netflix*, *YouTube* und *Google* sind das, was vor einem Vierteljahrhundert *ran* und *Anpfiff* waren. Und wie die ARD damals Karl-Heinz Rummenigge zum Co-Kommentator machte, können heute selbst Qualitätsblätter wie die *Süddeutsche Zeitung* oder die *Frankfurter Allgemeine* nicht einfach ignorieren, dass es neue Akteure gibt, die den Kampf um Aufmerksamkeit verschärft und die Erwartungen des Publikums verändert haben, auch wenn das Publikum der Leitmedien sich immer noch von dem der Provinzpresse unterscheidet und etwas anders angesprochen werden will.

»Die Geschwindigkeit«, sagte Christof Kneer, Fußballchef der *Süddeutschen Zeitung*, schon im Herbst 2011 in einem Interview. »Das setzt die Branche wahnsinnig unter Druck. Was im Netz steht, landet sofort in den Videotexten und auf den roten TV-Laufbändern. Wir diskutieren jeden Tag, welchen Hype wir mitgehen und welchen nicht. Das ist noch schwieriger geworden, seit sich die Nachrichtenagenturen angesteckt haben. Die haben so viel Angst, etwas zu verpassen, dass sie Sachen aus dem Internet sofort ungefiltert auf ihre Homepage stellen.« Wie sieht guter Sportjournalismus in der Tagespresse heute aus? »Am schwierigsten ist die Montagausgabe. Der Leser hat alle Bilder längst gesehen. Wir müssen dann versuchen, das noch einmal zu beschreiben. Das geht nur, wenn man eine eigene Geschichte findet.« Gibt es dafür ein Rezept? »Ich habe die Unterzeile vorher im Kopf. Was will ich jetzt erzählen? Was ist die Geschichte des Spiels? Wenn einer drei Tore schießt, hat man Glück. Dann wird es eine Personalie. Kein Porträt, sondern man erzählt an der Person über das Spiel. Aber sonst? Es kann eine fachliche Analyse sein oder ein Konflikt nach Spielschluss.«[13]

Solche Interviews sind ein Weg, der Medienlogik auf die Spur zu kommen – hier mit David Altheide und Robert Snow verstanden als Grammatik der Medienkommunikation[14] oder mit Uwe Schimank als Handlungslogik des Systems Massenmedien, als »die Gesamtheit aller Prozesse«, die »letztendlich Medieninhalte prägen«[15]. Jeder Journalist kann erzählen, welche Akteure er beobachtet, welchen Einfluss er diesen Akteuren zuschreibt und wie er sich von ihnen abheben will, in welcher Traditionslinie er sich selbst sieht, was er für seinen ›Auftrag‹ hält und was von der ›öffentlichen Aufgabe‹, und wie das alles zu dem führt, was wir als Medienrealität erleben. Dieses Kapitel stützt sich auf mehr als 30 solcher Gespräche, geführt zwischen 2011 und 2016, mit Bloggerinnen und Onlineredakteuren, mit Zeitungsschreibern, Radiomännern und Fernsehfrauen.[16] Dazu kommen 16 Gespräche mit Chefredakteuren und Chefs vom Dienst, die vorher in der Redaktionskonferenz beobachtet wurden – an dem Ort, an dem Medienrealität komponiert wird.[17]

Auch die besten solcher Interviews konzentrieren sich allerdings in der Regel auf die Gegenwart. Christof Kneer zum Beispiel konnte sich immerhin erinnern, wie er als junger Mann gearbeitet hat: »Als ich vor zwölf, 13 Jahren anfing, durfte man noch eine Viertelstunde vor dem Spiel auf die Tartanbahn und drei Sätze mit den Trainern sprechen. Heute undenkbar. Es gibt auch kaum noch offene Trainings. Früher gab es den klassischen FC-Bayern-Reporter, der jeden Tag am Platz stand und sich hinterher an die Spieler hängte. Die Boulevardleute haben sich sogar untergehakt. Das sah immer wahnsinnig konspirativ aus. Das ist weg.« Auch seine Ursachenforschung passt zu dem, was hier bisher geschrieben wurde: »Die Vereine sagen, dass es inzwischen einfach zu viele Medien gibt. Beim Bayern-Trainingslager am Gardasee waren jetzt 70 Journalisten dabei. Das ist viel, weil dort ja nichts passiert. Da gibt es dann jeden Tag zwei Spieler eine halbe Stunde auf dem Podium und das war's. Mit der Nähe ist es vorbei.« Was der junge Christof Kneer aber seinerzeit aus der Nähe zu Trainern und Spielern gemacht hat, müsste vermutlich auch er selbst erst nachschlagen.

Wie sich die Medienrealität in Deutschland seit der Zulassung kommerzieller Radio- und Fernsehanbieter verändert hat, lässt sich am besten über Inhaltsanalysen zeigen. Was hat das Publikum vor 30, 40 oder 50 Jahren bekommen, und was bekommt es heute? Antworten liefern in diesem Kapitel zwei Untersuchungen, die an den Kommunikationsbegriff von Niklas Luhmann anschließen. Für Luhmann ist Kommunikation eine Einheit aus Mitteilen, Information und Verstehen: Etwas wird ausgewählt (und anderes nicht), die Information wird auf bestimmte Weise dargestellt (obwohl es auch anders möglich gewesen wäre), und der Empfänger versteht, dass ihm etwas mitgeteilt werden soll, weiß aber gleichzeitig, dass er nicht alles erfahren hat und dass die Information auch hätte anders lauten und anders gestaltet werden können. Wenn das zu abstrakt ist: Ich könnte hier auch über das Outfit von Sportreportern schreiben und dazu vor allem Fotos liefern, und die Leserin hat eine Vorstellung davon, warum ich genau das nicht tue.

Wenn das immer noch zu abstrakt ist: Die Kategorien der beiden Inhaltsanalysen waren Selektion, Präsentation und Interpretation. Welche Themen werden ausgewählt und welche Akteure? Wer kommt zu Wort, und von wem stammen die Informationen? Wie groß wird berichtet, wo (auf welcher Seite, an welcher Stelle) und wie (Überschriften, Sprache, Visualisierung)? Wie ordnen die Journalisten das alles ein, und wie bewerten sie es? Welches Ziel verfolgen sie mit ihrer Arbeit, und wie bauen sie ihre Beiträge auf?

Bei Rudi Michel und dem WM-Finale von München 1974 ist das einfach. Michel sieht sich weder als Entertainer noch als Anheizer, sondern will uns beim Fernsehen helfen. Breitner. Müller. Breitner. Die Bilder sind ziemlich unscharf damals und die Kameras weit weg. Ein bisschen ist Michel auch Pädagoge. Als der Schiedsrichter von Prinz Bernhard die erste Münze der Serie »Rettet die Natur« bekommt und damit die Platzwahl abwickelt, beschreibt der Sprecher gut eine halbe Minute lang »dieses doch recht wertvolle« Stück. »Zeigt auf der einen Seite das Wappentier Indonesiens« und auf der anderen »den japanischen Tiger, der nach Schätzungen der Fachleute nur noch in fünf bis zehn Exemplaren vorhanden ist«. Der Zuschauer daheim sieht inzwischen die Fans im Stadion, den Bundestrainer sowie Kaiser und König beim Handschlag (Beckenbauer und Cruyff). Selektion, Präsentation, Interpretation: Rudi Michels Erben sprechen über andere Themen und andere Akteure. Sie sprechen überhaupt anders, und sie wollen damit etwas anderes erreichen.

Das ist Fußball, okay. Für die Analyse der Medienrealität eignen sich Endspiele auch deshalb so gut, weil sich das Ereignis selbst kaum verändert zu haben scheint. Zwei Mannschaften, 90 Minuten plus x, am Ende ein Sieger und ein Pokal. Man kann vergleichen, was Rudi Michel sagt und was Tom Bartels oder Gerd Gottlob. In der ersten Inhaltsanalyse ging es um solche Ereignisse, die immer wiederkehren und ganz selbstverständlich im Selektionsraster der Journalisten hängenbleiben. Die Generaldebatten im Bundestag (1980 bis heute) und SPD-Parteitage mit Programmdiskussion (1959, 1989, 1998, 2007), die Oscarverleihung, James-Bond-Premieren und der Eurovision Song Contest, Olympische Sommerspiele, verheerende Stürme, die Neujahrsnacht, die beiden Münchner Universitäten.

Kapitel 3 und 4 werden zeigen, dass es das eigentlich nicht gibt: ein Ereignis, das immer wiederkehrt. Fußball ist immer noch elf gegen elf, das ja, aber sonst ist schon deshalb alles anders, weil überall Kameras sind. Heute würde Franz Beckenbauer nicht nur kurz den Arm heben, wenn der Schiri Elfmeter pfeift. Parteitage lassen sich kaum noch von den Hochglanzproduktionen unterscheiden, die auf Musicalbühnen laufen, und selbst Stürme sind nicht mehr das, was sie einmal waren. Politiker und Juristen, Helferinnen und Ärzte handeln anders als früher, weil sie um die Macht der Bilder und O-Töne zu wissen glauben. Trotzdem eignet sich das Beispiel Sturm, um zu erklären, wie das Material für die Inhaltsanalyse zusammengestellt wurde. Es wurden Stürme gesucht, die nach objektiven Kriterien ähnlich waren – Stärke, Höhe des Schadens, Zahl der Toten. Was haben die Journalisten in den 1960er und 1970er Jahren aus solchen Stürmen gemacht, und was machen sie heute daraus?[18]

Der Wandel der Medienrealität lässt sich so allerdings nur zum Teil erfassen. Stürme, Endspiele und James Bond: Darüber wird berichtet, so oder so. Worüber wird aber sonst berichtet? Was haben die Menschen in Deutschland vor den drei Medienrevolutionen erfahren, und was erfahren sie heute? Antworten liefert ein Vergleich von vier Medienangeboten aus dem Jahr Null (1984, vor den drei Medienrevolutionen) und von 2014: jeweils zwei komplette Wochen im März, *Tagesschau*, *Süddeutsche Zeitung*, *Bild-Zeitung* und *Münchner Merkur,* eine Vollerhebung aller Inhalte mit knapp 4500 Beiträgen, bei der nur die Rubrik Service ausgelassen wurde.[19]

Medienrealität I: Superlative und Überraschungen, Promis und Königskriege

Fragt man die Journalisten in Deutschland: »Worum geht es Ihnen ganz persönlich in Ihrem Beruf?«, dann kreuzen die allermeisten an, dass sie »das Publikum möglichst neutral und präzise informieren« möchten. Politik- und Lokalredakteure kommen dabei auf über 90 Prozent. Auch Aktualität scheint wichtig zu sein (»möglichst schnell Informationen vermitteln«), genau wie Orientierung (»komplexe Sachverhalte erklären und vermitteln«) und Genauigkeit (»die Realität genauso abbilden, wie sie ist«; in den meisten Ressorts jeweils zwischen 70 und 80 Prozent). Die Reichweite (»sich auf Nachrichten konzentrieren, die für ein möglichst breites Publikum interessant sind«) und »Kritik an Missständen üben« fallen schon etwas ab (im Durchschnitt 60 bzw. 43 Prozent). Themen setzen, eigene Ansichten präsentieren, die Menschen unterhalten? Nicht doch. Nicht im Land von Hanns Joachim Friedrichs und Ulrich Wickert. Das überlassen wir dem Sport und den bunten Seiten.[20]

Pustekuchen. Friedrichs ist tot, Wickert in Pension und die Umfrage von Siegfried Weischenberg eine Schimäre. Die Realität abbilden, möglichst neutral und präzise. Wer weiß, vielleicht möchten Journalisten glauben, dass sie das tatsächlich können oder wenigstens wollen sollten. »Auf der einen Seite das Wappentier Indonesiens« und auf der anderen der »japanische Tiger«. Ach, Rudi Michel. Die Inhaltsanalysen sprechen eine andere Sprache – vor allem dann, wenn man die Medienrealität von heute mit der Zeit vergleicht, als bei WM-Endspielen Münzen beschrieben wurden, Hanns Joachim Friedrichs Mister Tagesthemen war und Ulrich Wickert in New York und Paris darauf wartete, ihn einmal zu beerben.

Beispiel eins: die Generaldebatte im Bundestag. Wenn man so will: die wichtigste politische Aussprache im Land. Eigentlich geht es zwar ›nur‹ um den Haushalt des Bundeskanzleramts, für die Opposition ist dies aber die Gelegenheit, mit der Regierungspolitik insgesamt abzurechnen. Auch wenn die Redner etwas kritischer geworden sind, haben sich Ablauf und Stellenwert der Debatte in den vergangenen Jahrzehnten nicht groß geändert. Es sprechen die Chefs, und der Umfang der Protokolle schwankt nicht sehr (im Original seit 1980 zwischen 100 und 172 Seiten).[21] Auch in der *Süddeutschen Zeitung* tut sich lange nicht viel in Sachen Generaldebatte. Von 1980 bis 2002 steht ein umfangreicher Bericht auf der Titelseite, der bis zum Jahr 2000 sogar auf Seite 2 überläuft oder auf den Seiten 2 und 3 mit einem längeren Text flankiert wird. Bis 2008 gibt es außerdem immer einen Kommentar auf S. 4. Ein wichtiges Thema, groß und gewichtig in Deutschlands wichtigster Zeitung, am größten und wichtigsten 1990. Danach wird das Thema langsam kleiner und rückt weiter nach hinten, auf die Seiten 5 und 6 (Ausnahmen: 2012 und 2016), und wird nicht mehr kommentiert. Stattdessen gibt es Atmosphärisches. Schon am Ende der Ära von Helmut Kohl haben sich sowohl die *Süddeutsche* als auch die *Bild-Zeitung* dafür interessiert, wie der Kanzler über Körpersprache (»Buddha«) und Gesten (Schokolade essen) mit der Opposition »verhandelt« hat.[22] 2010 erfährt der Leser auf einer ganzen Seite: »Was Merkel wirklich über Westerwelle denkt« (»*Bild* enthüllt«), und ein Jahr später steht über dem Bericht in der *Süddeutschen Zeitung* »Die Kanzlerin hörte zu«. Hintergrund: »Einige Minister haben nur mit ihren Tablet-Computern gespielt, Außenminister Guido Westerwelle zeigte den Kabinettskollegen eine Karikatur« (Bildunterschrift). Und im Text: »Am Ende hatte Gabriel eine ordentliche Oppositionsrede gehalten. Zugehört haben ihm viele freilich nicht.«[23]

Alle Jahre wieder: die Generaldebatte. Attacken auf die Regierung, online nachzulesen im Dokumentations- und Informationssystem für parlamentarische Vorgänge, so vorhersehbar wie ein Heimsieg des FC Bayern gegen Bochum und damit nicht geeignet, uns irgendwie zu überraschen. Aufmerksamkeit und möglichst allgemeines Interesse: Darauf zielt die Handlungslogik des Systems Massenmedien heute in Deutschland. Wie Christof Kneer, der eine Geschichte braucht, am besten einen dreifachen Torschützen oder einen Streit, suchen auch seine Kollegen in der Politikredaktion etwas Besonderes, etwas, das unseren Erwartungen widerspricht und uns aufhorchen lässt. Superlative und Einmaliges, Unerhörtes und nie Dagewesenes. »Die Kanzlerin hörte zu.« Nico Fried macht an diesem 24. November 2011 die Routine der Generaldebatte selbst zum Thema und beginnt seinen Bericht mit dem Satz: »Man kann nicht unbedingt behaupten, dass die Rede von Sigmar Gabriel an diesem Morgen mit Spannung erwartet würde.« Wir lernen dann etwas über den »parlamentarischen Siegeszug des iPad« (das offenbar Kohls Schokolade abgelöst hat), vor allem aber schreibt Fried über die Spitzenpolitiker. Merkel, Westerwelle, Gabriel. Auch 2016 schert sich seine Seite-Drei-Geschichte nicht um den Haushalt. Merkel, Flüchtlinge, AfD, nach den Wahlen in Meck-Pomm. Die Wachleute nicken ihr zu, sie tuschelt mit Gabriel, vielleicht über Seehofer. Das Paar Wiener kostet 2,20 Euro. So läuft es, liebe Leute.[24]

Beispiel zwei: die Programmparteitage der SPD. Die Reporter, die 1959 nach Bad Godesberg fahren, verstehen sich als Chronisten. Die *Süddeutsche Zeitung* zum Beispiel lässt Parteichef Erich Ollenhauer ausführlich auf der Titelseite sprechen, in direkten und indirekten Zitaten. Demokratischer Sozialismus und Karl Marx, die Wehrpflicht und die SPD. 200 Zeilen, schwere Kost.[25] Selbst der Kasten, der am Montag nach dem Parteitag »Das Programm der SPD in Stichworten« zusammenfasst, bleibt auch sprachlich ziemlich nah am Dokument.[26] Und

Konflikte betreffen nicht Personen, sondern Parteiflügel und Sachthemen.[27] Der *Münchner Merkur* hat zwar etwas weniger Platz und mag die SPD in der Kommentarspalte auch deutlich weniger als das große Konkurrenzblatt aus der eigenen Stadt, in den Berichten aber steht auch hier der Ablauf im Mittelpunkt. Selbst die *Bild-Zeitung* schreibt damals ungewöhnlich detailliert über das neue Programm – ungewöhnlich für den Leser von heute, der Vereinfachungen gewöhnt ist, Zuspitzungen und Übertreibungen. 1959 findet sich das nur in den *Bild*-Überschriften (»SPD stellt Karl Marx ins Museum«) und in einigen wenigen Sätzen: »Die Sozialisten wollen Freiheit und Gerechtigkeit verwirklichen. Die Kommunisten die Zerrissenheit der Gesellschaft ausnutzen, um ihre Diktatur zu errichten.«[28]

Heute ist der *Bild*-Stil überall. Keine Details mehr, kein Parteijargon und schon gar nicht 200 Zeilen im Original. »Was für ein ComeBeck!« titelt die *Bild-Zeitung*, als Kurt Beck 2007 mit 95,5 Prozent der Delegiertenstimmen wiedergewählt wird, und beschwört ein Duell der Giganten: »Kann der SPD-Chef sogar die Kanzlerin schlagen?« Dazu Steinmeier, Steinbrück, Nahles. Wie ticken die so und wie stehen ihre Chancen?[29] »Das Comeback des Kurt Beck« heißt es im *Münchener Merkur*, etwas weniger originell. Auch dort geht es um Merkel und die Kanzlerkandidatur.[30] Die *Süddeutsche Zeitung* streut dagegen Zweifel am Erfolg Becks (»der Jubel aber gehört Franz Müntefering und seiner fulminanten Rede«[31]) und druckt Steckbriefe: der Vermittler (Steinmeier), die Angreiferin (Nahles), der Polarisierer (Steinbrück).[32] Vor dem Parteitag dampft das Blatt die wichtigsten Beschlüsse auf eine handliche Stichwortliste ein (»Neun Punkte für eine sozialere Politik«[33]) und deutet das neue

Parteiprogramm dann einfach als Farbenwechsel (»von Agenda-Gelb zu Sozi-Rot«) sowie als Ergebnis eines Tauziehens in der Parteispitze, das Beck »mit Hilfe alter SPD-Füchse wie Erhard Eppler« nun gewonnen habe. Überschrift: »Die Kunst des Chamäleons«.[34]

»Die Realität«, möglichst neutral und präzise: Das war einmal, 1959, vielleicht. Heute berichten Journalisten in Deutschland über Personen – vor allem über Konflikte auf Königsebene und über Prominente, über Menschen, die die »Fähigkeit« haben, »Aufmerksamkeit zu erzeugen«[35]. Bastian Schweinsteiger und Manuel Neuer auf einem SPD-Parteitag: Wir würden es erfahren. Fußballprofis, Hollywoodstars und (wenn es in dieser Preisklasse gerade niemanden gibt) die Sternchen von daheim bekommen auch dann (Medien)-Aufmerksamkeit, wenn sie in anderen ›Ressorts‹ auftauchen wie etwa ein Bond-Girl bei der Eröffnung eines Modeshops in München, die sonst vermutlich selbst in der *Bild-Zeitung* durch das Selektionsraster gefallen wäre.[36] Wir Normalbürger können es auch in die Massenmedien schaffen – wenn uns etwas Außergewöhnliches passiert oder wenn wir etwas wissen, was sonst niemand weiß, und so einem Thema oder einem Ereignis etwas Neues, Einmaliges hinzufügen können. Der *Münchner Merkur* zum Beispiel ließ 1999 nach einem Sturm einen Versicherungsmakler zu Wort kommen, der erzählen konnte, dass die Telefone in seinem Büro nicht mehr still gestanden hätten, und berichtete über eine Familie, die auf einem Bahnhof übernachten musste, weil Bäume auf den Gleisen lagen.[37]

Medienrealität II: Exklusivität

Den Makler und die gestrandete Familie hatte der *Merkur* exklusiv. Bei einem Sturm mag das klappen, bei einem Parteitag eher nicht. Beck und Müntefering, Steinbrück, Steinmeier und Nahles waren im Oktober 2007 überall. Aber nicht das Come-Beck, nicht das Chamäleon. Exklusivität ist die Währung, um die im Journalismus gespielt wird.[38] Diese Währung braucht keinen Scoop und keine ›Fakten‹, keine investigative Reporterin und nicht einmal ein Interview. Exklusiv kann die Gestaltung sein, die Meinung des Leitartiklers, die Idee, die die Geschichte trägt. Was macht der Redakteur, wenn die 95,5 Prozent für den Parteichef gemeldet sind und die sozialen Netzwerke heiß laufen? Genau. Deuten, interpretieren, Dinge zusammenbringen, die noch niemand zusammengebracht hat. Den Politikern in die »nackte Seele« schauen.[39] Oder gegen unsere Erwartungen anschreiben. Welcher Leser rechnet schon damit, dass ein schwerer Sturm positive Seiten haben könnte? Der *Münchner Merkur* fand 2007 Wetterforscher, die sich über ›Kyrill‹ freuten,[40] und die *Süddeutsche Zeitung* rechnete in ihrem Wirtschaftsteil vor, wie Sturmschäden das Wirtschaftswachstum beflügeln.[41] Umgekehrt schaffte es die gleiche Zeitung 2012, einem eigentlich freudigen Ereignis fast nur negative Seiten abzugewinnen: »Bittere Bilanz: Drei Menschen sterben bei Silvesterfeiern – Viele Verletzte durch Böllerexplosionen.«[42]

Exklusivität kann man sich auch kaufen oder selbst erschaffen. Bei den Olympischen Sommerspielen 2012 verfolgte ein Redakteur der *Bild-Zeitung* das Springreiten in London vor dem heimischen Fernsehgerät – gemeinsam mit Totilas, seinerzeit das teuerste Pferd der Welt, und ließ die Leser dann an diesem

Erlebnis teilhaben: »Seine Kollegen holen keine Medaille – er wiehert trotzdem vor Glück.«[43] Und man kann vereinfachen, zuspitzen, übertreiben. So berichtete die *Süddeutsche Zeitung* unter der Überschrift »Am Rande des Abgrunds« über eine alleinerziehende Studentin, aus deren Alltagsproblemen (Wann mache ich endlich meinen Abschluss, wie organisiere ich die Kinderbetreuung?) ein persönliches Drama von gigantischem Ausmaß wurde.[44] Aus nahezu jedem größeren Sturm wird heute ein »episches Desaster«,[45] und aus jedem Endspiel der Champions League mit deutscher Beteiligung ein Ereignis, das unsere Ahnen so nicht erleben konnten und unsere Enkel so nicht erleben werden (Stichwort »Finale dahoam«).

»Die Realität«, möglichst neutral und präzise? »Wir sagen, wann es kalt ist«, sagt der Chefredakteur der Berliner Boulevardzeitung *B.Z.* am 6. Februar 2012 in der Redaktionskonferenz. »Berlin friert ein!« steht am nächsten Tag in großen Lettern auf der Titelseite. »-24 Grad! Kälteste Nacht seit 25 Jahren«. Die ›Realität‹ in den Überschriften der *B.Z.* an diesem Morgen: »Spree gesperrt. Weichen vereist. Drama am Stienitzsee: Eis-Angler bricht ein und stirbt. Ihre Rechte & Pflichten bei Eis und Schnee. Heizungen fallen aus. Handys im Extrem-Kälte-Test«.[46] Wir sagen, wann es kalt ist. Wir, Ihre *B.Z.* Und wir sagen Ihnen auch, was jetzt für Sie wichtig ist.

Jakob Vicari hat gezeigt, wie Komposition für Exklusivität sorgen kann – zum Beispiel über ein vollkommen eisiges Titelblatt wie in der *B.Z.* Komposition meint: die Verbindungen, die die Redaktion zwischen einzelnen Themen herstellt, ihre Gewichtung, ihre Präsentation. In den Worten eines Verantwortlichen bei der *Augsburger Allgemeinen*: »Welche Themen hast du? Welche Themen sind wichtig, sortieren. Was machst du groß, was klein, um auch verständlich zu sein. Dann diese Gewichtung in ein Layout gießen. Und erst zum Schluss den Text einfüllen.«[47] Was mag dieser Journalist ankreuzen, wenn er Siegfried Weischenbergs Fragebogen zu seinem Rollenbild in die Hand bekommt? Damit das Wetter zur Schlagzeile wird, braucht seine Zeitung jedenfalls keine Naturkatastrophe. Jakob Vicari: »Es genügen schon ein frierender Redakteur auf dem Weg zur Arbeit und ein Kompositionsbewusstsein. Wetter ist ein Immer-und-also-nie-Titelthema.«[48]

Komponiert wird mit Blick auf die Konkurrenz und auf das eigene Produkt. Was haben wir bisher berichtet, und was werden wir morgen und übermorgen zur Realität machen? Ein Redakteur der *Süddeutschen Zeitung*: »Wir schauen vor allem, was die *FAZ* und der *Spiegel* machen. Aber nicht, um uns inspirieren zu lassen, sondern um nicht dieselben Themen im Blatt zu haben.« Und der stellvertretende Chefredakteur der *B.Z.*: »Wir hatten vorgestern das Thema Schule und gestern das Thema Wetter. An beiden Tagen war es sehr optisch gestaltet. Deshalb brauche ich dringend für morgen eine Schlagzeile, die ich nachrichtlich hinschreiben kann.«[49] Ich brauche. Die Massenmedien brauchen. Für Jakob Vicari ist Komposition deshalb eine »direkte Gegenspielerin der Neuigkeit«.[50] Die Journalisten, die er in Redaktionskonferenzen beobachtet und anschließend befragt hat, warten nicht auf *Breaking News*, jedenfalls nicht kurz vor Redaktionsschluss, wenn die Medienrealität schon fertig ist.

Die Nachrichten, die jeder haben muss, sind das Gegenstück zur Exklusivität. Der Leipziger Medienforscher Uwe Krüger hat die Leitmedien als »Taktgeber« des Mediensystems beschrieben: die großen Tageszeitungen (vor allem *Süddeutsche* und *Frankfurter Allgemeine Zeitung*), die öffentlich-rechtlichen TV-Nachrichten, die *Bild-Zeitung*, *Die Zeit*, die Nachrichtenmagazine. Krüger behauptet nicht, dass dort »überall dasselbe gesagt« wird.[51] Dagegen spricht schon der Wunsch nach Exklusivität. Aber: Man beobachtet sich, man beeinflusst sich. Dann ist ein Thema plötzlich doch überall, schon weil es die Konkurrenz auch ganz groß hat und alles ganz schnell gehen muss. Solche Breaking News, solche Themen und Ereignisse mit großem Aufmerksamkeitspotenzial können wochenlang die Medienrealität dominieren. Beispiele aus der jüngsten Vergangenheit: Griechenland und die Ukraine, der Amoklauf, der am 22. Juli 2016 München und die Welt erschütterte, ein halbes Jahr vorher die Silvesternacht von Köln, der Militärputsch in der Türkei. Wer es eine Nummer kleiner mag: Die *Süddeutsche Zeitung* nutzte die Olympischen Spiele von 2012, um auf einer ganzen Seite über London zu berichten. Sehenswürdigkeiten, die besten Ausgehmöglichkeiten. Ein Bond-Film wird nicht mehr einfach nur mit einer Rezension im Feuilleton abgehandelt (wie früher üblich), sondern auch im Wirtschaftsteil oder im Panorama.[52]

Medienrealität III: Originell und übersichtlich. Und eine Geschichte, bitte

Das SPD-Programm in neun Sätzen, die Wahl des Parteivorsitzenden in einem Wortspiel (»ComeBeck«), die Silvesterbilanz in vier Spalten mit ein paar Zahlen und einem Foto, auf dem ein einsamer Mann mit Besen vor einem Müllberg steht:[53] Auf diese Beispiele lässt sich die Logik verdichten, nach der die Massenmedien in Deutschland heute komplexe Inhalte präsentieren.

Leicht verständlich soll es sein, originell und übersichtlich. Eine ungewöhnliche Schlagzeile als Blickfang (»Die Kanzlerin hörte zu«) oder ein Bild – möglichst groß, möglichst auffällig. Jeder Zeitungsleser weiß, dass inzwischen ganze Seiten zu Bildstrecken umgebaut werden, die sich um ein einzelnes Ereignis drehen. 2003 schaffte es die *Bild-Zeitung* zum Beispiel, die Schlagzeile »... und der Oscar knutschte die Glücklichen« mit 19 Starfotos zu illustrieren, von denen drei tatsächlich einen Kuss inszenierten, mit Vorspiel und Vollendung, versteht sich.[54]

Abbildung 1: Die SPD-Führung in der *Süddeutschen Zeitung* vom 27. Oktober 2007, S. 1

Bilder erlauben zugleich, eine Geschichte zu erzählen, Ereignisse einzuordnen und zu bewerten, sie mit Emotionen zu verknüpfen und zu dramatisieren. Der *Süddeutschen Zeitung* etwa gelang es nach dem Programmparteitag im Oktober 2007, innerparteiliche Querelen, inhaltliche Auseinandersetzungen, Tradition und Neuausrichtung der SPD in einem einzigen Foto unterzubringen (Abbildung 1). »Die Realität genauso abbilden, wie sie ist«? Objektiv, neutral und auf Distanz bleiben? Nicht nur der Fußballjournalist Christof Kneer sucht nach der Geschichte, die er erzählen kann, nach der »Unterzeile«, die das Thema spannend macht. Im Oktober 2012 war der Hurrikan Sandy im *Münchner Merkur* »der verheerendste Sturm, den die Ostküste jemals erlebt hat«,[55] und der Eurovision Song Contest scheint überhaupt erst interessant zu werden, wenn man auf das bisherige Abschneiden Deutschlands zurückblicken und dabei jammern kann: »Haben wir das verdient?«[56]

Rudi Michel jedenfalls würde auch seinen geliebten Fußball nicht mehr wiedererkennen. »Das Drumherum wird immer wichtiger«, sagt Hans-Peter Pull, Jahrgang 1953, samstags um halb vier die Stimme Bayerns in *Heute im Stadion*. »Früher sind wir mit zwei Mann zu einem Champions-League-Spiel gefahren. Es gab einen sportlichen Vorbericht, und wir haben das Spiel kommentiert. Heute sind wir immer noch zwei Reporter, aber wir haben drei Story-Macher dabei. Das eigentliche Ereignis gerät immer mehr in den Hintergrund. Hat irgendeiner eine neue Freundin? Was war gestern im P1?« Was tut so ein Story-Macher? »Er sucht Ideen. Am besten etwas, was noch nicht in der Zeitung stand. Früher ging es um den Sport und heute eher um Persönliches. Offenbar neigt diese Gesellschaft zum Voyeurismus. Wenn man sich zum Beispiel die *Sport-Bild* anschaut: drei Seiten Text und null Information. Aber es wird gekauft.«[57] Pull hat recht: Das Spiel an sich wird in der Presse inzwischen gepflegt ignoriert (das, was auf dem Platz passiert ist: Breitner, Müller, Breitner). Medienrealität ist das Geschehen am Rand. Persönliche Konflikte oder Dinge, die es so noch nicht gegeben haben soll: unerhörte Ablösesummen (Rekorde!) und Transfergerüchte, Siege nach langen Niederlagenserien, Stürmer-Torflauten in Minuten, Prominente im Stadion, Verbannungen von Stars auf die Bank, die Kleiderordnung der Trainer. Guardiola gegen Mourinho. Ein Fest für den Journalismus, vor allem dann, wenn dabei noch die Hosen reißen.

Traffic als Treiber. Und damit wir. Wir Mediennutzer

Rudi Michels Nach-Nachfolger in den Redaktionen wissen, woran das liegt. Die Privaten und die Explosion der Preise, sagt Hans-Peter Pull. Das Internet, sagt Christof Kneer. Der Druck, der allein durch Masse entsteht. TV-Laufbänder, Webseiten, Twitter, Facebook. Doppelte Angst. Etwas verpassen oder einem Hype auf den Leim gehen. Beides schlecht.

Im Netz ist die Konkurrenz nur einen Klick entfernt. Und sie kann live beobachtet werden, diese Konkurrenz. Was macht *Bild Online*, was *Die Zeit*, was die *Süddeutsche*? Böser Bube in der Branche ist *Focus Online*. Wer etwas älter ist, sieht und hört noch Helmut Markwort, von 1993 bis 2010 Chefredakteur des gedruckten Magazins und lange jedes Wochenende auf Werbetour im Fernsehen: »Fakten, Fakten, Fakten.« Pause. Dann der Zeigefinger: »Und immer an die Leser denken.« Im Internet-Deutsch heißt das heute »User-Zentriertheit«. Entscheidend sei, »ob der Text läuft«, sagt einer der jungen Markworts, Mitte 30, der bei dem Online-Portal als Chef vom Dienst arbeitet. Wenn er morgens in der *Süddeutschen* blättere, denke er oft: »Ist ja interessant, würde ich aber so nie machen.« Warum? »Weil es einfach nicht superaktuell ist, weil es nicht deutschlandweit interessant ist, weil ich es nicht genug anspitzen kann, weil ich weiß, dass es unsere Leser nicht genug interessiert.« Und wenn in Tripolis oder noch weiter weg Panzer auf den Straßen rollen? »Die Meldung macht man, aber ich weiß, dass das niemanden interessiert. Und umgekehrt weiß ich, dass Mario Götze sehr viele Menschen interessiert. Das beeinflusst mich in meiner Arbeit natürlich massiv.«

Sein Wissen bekommt dieser Chef vom Dienst von einer Software, die nicht nur die Klickzahlen in Echtzeit misst, sondern auch den Zugriffsweg. Kommt der Nutzer über *Google*, über *Facebook* oder über die Homepage? Die Relevanz sei oft »null«, sagt eine Kollegin, die im gleichen Maschinenraum arbeitet. Wenn aber die Leute klicken, was »irgendwelche Stars und Sternchen sagen«, dann »machen wir es«, im Zweifel »durchaus größer«. Nutzwert, Nutzwert, Nutzwert, würde Helmut Markwort vermutlich behaupten. Alltagshilfe. Gesundheit und Finanzen vor allem, schon »etwas angespitzt«, aber mit »ernsthafter Substanz«. So sparen Sie 30 Prozent Steuern. Die 100 besten soundso. Fünf Tipps für irgendwas. Markwort Junior: »Service funktioniert immer. Neben den ganzen lustigen Sachen, die Spaß machen und der Traffic-Treiber sind.« Und weniger Eingängiges, TTIP zum Beispiel? Juniors Kollegin: »Da müssen wir einen Dreh finden, wie der Leser das schnell verstehen kann und das auch interessant findet. Das ist schwer bei Themen, bei denen man theoretisch sagen könnte, das ist wichtig. Aber wenn wir schon genau wissen, im Endeffekt klickt es niemand an, dann ist die Mühe ja auch irgendwie umsonst.«

Focus Online mag zwar der böse Bube sein, aber keine Ausnahme. »Unfälle, Katastrophen. Das funktioniert immer super«, sagt ein Redakteur des *Münchner Merkur*. »Online machen wir auch Schmuddelkram und Fotostrecken. Die 20 schönsten Bäuerinnen aus Fürstenfeldbruck. In der Printausgabe gibt es das nicht, online aber wird es geklickt.« Und Politik im Internet? »Eher mau. Da muss das Thema stimmen.« Nordkorea zum Beispiel. Läuft zumindest bei der *Welt* besser als Vietnam. Viel besser.

Im Netz treffen die normativen Erwartungen an den Journalismus auf das, was die Menschen im Land wollen – als Konsument und nicht als Bürger oder Schutzbedürftiger. Im Büro, auf der Suche nach Ablenkung. Am häufigsten in der Mittagspause, zwischen 11 und 14 Uhr, aber auch morgens kurz nach Dienstbeginn und abends vor dem Heimweg. Markwort Junior spricht von einem »täglichen Kampf«. »Dass man nicht vergisst, warum man Journalist geworden ist.« Der Nutzer klickt nicht nur. Er reagiert auch, via *Facebook* zum Beispiel. Und er erscheint bei *Focus Online* in der Redaktion, zum »Userlab«. Das Feedback sei »eine ganz gute Antenne«, um die Waage zwischen Klicks und Norm zu halten. Eine Kollegin, die bei *Bild.de* ist, hat diesen Kampf längst aufgegeben. Ihre Arbeit widerspreche »in vielen Sachen total« dem, »was ich mal über Journalismus gelernt habe«. Suchmaschinenoptimierung zum Beispiel. So schreiben, dass Google die Artikel findet. Artikel überhaupt nur für Google schreiben, weil man weiß, welche Begriffe dort eingegeben werden. Im Teaser Tränen oder Jubel versprechen und hemmungslos übertreiben, damit der Link geteilt wird.

Natürlich: Der Onlinejournalismus kennt nicht nur böse Buben und resignierte Mädchen. »Ich weiß genau, was gut laufen würde«, sagt zum Beispiel Lars Langenau, Chef vom Dienst bei *SZ.de*. Aber deshalb einfach »dem Leserwillen« folgen wie die Jungs bei *Focus Online*? Verlag und Chefredaktion hätten sich ganz bewusst dafür entschieden, Print- und Onlineausgabe miteinander zu koppeln. Qualität als Markenversprechen. Langenaus Kollegen haben das offenbar verinnerlicht. Vorgaben, das ja, sagen sie, »aber es wird nicht an uns herangetragen und wir werden nicht daran gemessen« (Redakteur von *jetzt.de*). Oder: keine Bilderserien mehr wie noch vor zehn Jahren, viel weniger Aktualitätsdruck als bei der Konkurrenz, Autorenstücke auf der Seite (Wirtschaftsredakteur). Manchmal, sagt dieser Redakteur, sei die »Geschwindigkeit« trotzdem »absolut entscheidend«. Beispiel Germanwings-Absturz. »Wenn man da die Leser kriegt, indem man schnell, gut und weit vorn bei *Facebook*, *Twitter* und *Google News* ist, dann kann man richtig Reichweite und Traffic generieren. Und wenn man dann auch noch gut ist, schafft man es sogar, die Leser zu halten. Sie entweder gleich tiefer in die Seite zu locken oder sie später zurückzuholen, wenn die Nachrichtenlage klarer ist.«

Markus Thieroff, der verglichen hat, was die deutschen Leitmedien online und offline anbieten, unterscheidet in seiner Dissertation zwei Strategien, mit der Konkurrenz umzugehen: Erster im Rudel und Abgrenzung vom Rudel. *Focus Online* läuft dem Rudel außerdem hinterher. *Google News* beobachten, die Mitbewerber beobachten. Das aufgreifen, was im Netz gerade angesagt ist, und im Zweifel einfach von den anderen abschreiben, möglichst schnell. »Das ist tatsächlich so«, sagt Markwort Junior. »Wenn die *Bild* etwas Interessantes bringt. Oder *Spiegel Online*. Wenn die mit dem Kunstsammler Gurlitt gesprochen haben und ich habe das nicht innerhalb von einer Dreiviertelstunde auf der Seite, dann findet das mein Chefredakteur nicht besonders toll.« Falls draußen im Land tatsächlich jemand über die Gleichschaltung der Medien klagen sollte: Dazu braucht es keine Anweisungen aus dem Kanzleramt und nicht einmal einen Kaminabend mit Angela Merkel. *Google News* reicht völlig aus.

Da sind endlich auch wir im Spiel, wir Mediennutzer. Rudi Michel und Hanns Joachim Friedrichs haben einfach das gemacht, was sie für guten Journalismus hielten, inspiriert vielleicht vom Vorbild BBC und sicher mit dem Wunsch, von ihrer Redaktion gelobt zu werden, von Freunden, von Verwandten. Auch Publikumsforschung gab es damals schon. Im Fernsehen Einschaltquoten und am Anfang sogar eine Art Schulnote, einen »Interessen-Index«, minus zehn bis plus zehn. 1954/55 im Sendegebiet des *Nordwestdeutschen Rundfunks*: politische Sendungen minus 3, Sport plus 5,5, Spielfilme plus 8.[58] Heute kommt die Rückmeldung sofort und sehr konkret. *Focus Online* zum Beispiel testet »im Livebetrieb«, wie die Themen ankommen. »Nach 24 Minuten weiß man in der Regel, ob so ein Text läuft oder nicht«, sagt Markwort Junior. Wenn er trotzdem an das Thema glaube, dann ändere er die Überschrift, den Teaser, das Bild. Die Leute direkt ansprechen, Spannung erzeugen, einen Cliffhanger einbauen. Angela Merkel stolpert auf dem Weg zur Wahlurne. Oder: »Die Kanzlerin hörte zu.« Ewig gehe das aber nicht. Ausnahmen? »Ja. Wenn jetzt jemand von uns einen Tag daran recherchiert hat. Dann kann ich den Text nicht schon nach zehn Minuten wieder von der Seite schmeißen.«

Für den Meinungs- und Willensbildungsprozess in Deutschland mag es egal sein, wie *Focus Online* gerade auf Klickfang geht. Nur: Auch die Kolleginnen und Kollegen der jungen Markworts sehen, was dort wie lange auf der Seite bleibt, und ziehen ihre Schlüsse – zum Beispiel für das, was morgen an welcher Stelle wie groß und mit welchem Dreh in der Zeitung steht. Überhaupt: der Dreh. Der Weiterdreh. Ein Thema, das läuft, braucht permanent neuen Stoff, mehrmals am Tag, mehrere Tage am Stück. »Zu jedem neuen Satz, den irgendjemand sagt, macht man schnell einen neuen Artikel«, sagt die Frau von *Bild.de*. Die großen Nachrichtenseiten haben Mitarbeiter an der US-Westküste, die weiterdrehen, wenn in München und Hamburg geschlafen wird.

Stefan Schulz, der bei der *Frankfurter Allgemeinen Zeitung* Volontär war, hält seinen einstigen Berufsstand deshalb für ein Opfer der Netzlogik. Seine These: Redakteure und Verleger haben nicht verstanden, was *Facebook* und *Google* mit ihnen machen, und noch viel weniger, was eigentlich ihre Aufgabe wäre. Schulz schreibt über den »Computer als Chefredakteur«, über den Erfolg von *heftig.co*, der dazu geführt habe, dass auch *Tagesschau*, *Süddeutsche Zeitung* und Co. seither den »Einzelnen« ansprechen und Emotionen wecken sowie »das Bedürfnis nach Interaktion«, und über die Folgen der neuen Ausspielwege. »An jedem Artikel oder Ausschnitt einer Sendung hängt heute ein Preisschild. Damit geht nicht nur die Querfinanzierung als ökonomisches Fundament der Medienproduktion verloren. Tatsächlich löst sich auch die innere Logik der redaktionellen Arbeit auf. Texte und die Prozesse ihrer Herstellung werden nicht mehr in ein inhaltliches Verhältnis zueinander gesetzt, sondern ökonomisch gegeneinander aufgewogen. Artikel werden für einen einzigen Zweck optimiert. Sie sollen sich möglichst lange in den Resonanzräumen des Internets bewähren.«[59]

Markwort Junior sagt, dass bei *Focus Online* inzwischen »über die Hälfte des Traffics« von mobilen Geräten erzeugt wird. Nachrichten auf dem Smartphone: auf einem kleinen Bildschirm, in Eile, womöglich inmitten anderer Menschen. Das muss die Medienrealität verändern. Das Wichtigste in Bulletpoints, die *Ta-*

gesschau in 100 Sekunden. Die Nutzer ansprechen, über Details, über einen persönlichen Touch. Polarisieren, schon in der Überschrift. Warum finde ich dieses Scheiße und jenes auch. »Harte Meinungsstücke mit klarer These haben damit zu tun, dass man rausstechen muss«, sagt der Redakteur von *jetzt.de*. In der Sprache von Markwort Junior: »Dinge, über die sich die Leute aufregen können. Wenn man das seriös macht, dann geht das einfach gut.« Rudi Michel hat von alledem nichts gewusst. Sonst hätte er sich nie und nimmer getraut, eine halbe Minute über eine Münze zu sprechen und nichts zur deutschen Aufstellung zu sagen.

Wandel der Medienrealität, quantitativ

Dieses Kapitel über die Medienrealität in Deutschland wäre unvollständig ohne Zahlen, ohne einen harten Beweis. Interviews mit Journalisten: schön und gut. Möglicherweise sind sie nur frustriert oder erzählen das, was sie glauben erzählen zu müssen. SPD-Parteitage, Generaldebatten, Fußballspiele: schon besser, letztlich aber Einzelfälle, ausgewählt von einem Schreiberling, der vielleicht nur nach Beispielen gesucht hat, die seine kruden Thesen stützen. Ich gebe zu: Ich habe sogar gehofft, dass mich die quantitative Inhaltsanalyse widerlegt oder die Argumentation zumindest differenziert. Weg von konkreten Themen, hin zum kompletten Medienangebot: So sehr wird sich das doch bitte nicht unterscheiden, wenn man 1984 und 2014 vergleicht.

Es unterscheidet sich, und zwar erheblich, angefangen bei den Inhalten. Weniger Politik und Wirtschaft, viel mehr Soft News – Sport, Kultur und Gesellschaft, Gesundheit, Wissenschaft und vor allem das, was man »Human Interest« nennt (Abbildung 2). Fast noch wichtiger: Über die harten Themen wird heute auch anders berichtet als vor 30 Jahren: negativer, stärker an Prominenten und Experten aufgehängt und vor allem an Konflikten. Dazu emotionaler, mit einer leichteren Sprache, mit viel mehr Bildern und Illustrationen sowie an das anschließend, was gestern und vorgestern schon in der Zeitung stand (Abbildung 3). Darauf zielt Maria Karidis Begriff »Folgeberichte«: Was sich einmal in der Medienrealität festsetzt, bleibt dort. Der Weiterdreh hat es aus der Welt der Nachrichtenportale in die Tagespresse und in die TV-Nachrichten geschafft.

In der Medienrealität dominieren heute außerdem andere Konflikte: nicht mehr zwischen Gruppen (etwa Gewerkschaft versus Arbeitgeber oder Professoren versus Studierende), sondern zwischen Personen, die mächtig oder prominent sind (Abbildung 4). Dieser Akteurstyp ist inzwischen auch sonst noch stärker präsent als schon 1984.

Abbildung 2: Harte und weiche Themen[60]

	1984	2014
Politik und Wirtschaft	44,5	35,3
Soft News	42,3	56,3
Service und Angstthemen	13,3	8,3
	100,1	99,9

Angaben in Prozent. *Süddeutsche Zeitung, Bild, Münchner Merkur* (5. bis 17. März 1984, 3. bis 15. März 2014), *Tagesschau* (6. bis 19. März 1989, 3. bis 15. März 2014). Soft News: Sport, Gesellschaft, Human Interest, Kultur, Mensch & Umwelt, Wissenschaft, Gesundheit. Angstthemen: Kriminalität, Verbrechen, Unfälle, Katastrophen, Anschläge. N = 4443. Rundungsfehler

Abbildung 3: Selektion und Interpretation bei harten Themen[61]

	1984	2014
Negativität	33,6	56,1
Konflikt	15,6	34,5
Skandal	2,3	5,6
Experte	1,6	5,4
Prominenz	0,3	1,6
Sensation	1,6	2,7
Emotionen	2,4	8,0
Lockere Sprache	1,9	7,5
Folgeberichte	14,0	35,0
Spitzenakteur	50,7	60,1

Angaben in Prozent. *Süddeutsche Zeitung*, *Bild*, *Münchner Merkur* (5. bis 17. März 1984, 3. bis 15. März 2014), *Tagesschau* (6. bis 19. März 1989, 3. bis 15. März 2014). Politik- und Wirtschaftsberichterstattung. N = 1794. *Lesehilfe*: 1984 ging es in 15,6 Prozent der untersuchten Beiträge um Konflikte. Einzelne Beiträge können mehrere der genannten Selektionskriterien und Merkmale aufweisen, andere auch gar keine.

Abbildung 4: Konflikttypen in der Politik- und Wirtschaftsberichterstattung[62]

	1984	2014
Königsebene	51,5	72,6
Groß gegen Klein	21,6	15,8
Klein gegen Klein	6,0	2,9
Einer gegen alle	0,6	1,2
Gruppe gegen Gruppe	20,4	7,5
	100,1	100

Angaben in Prozent. *Süddeutsche Zeitung*, *Bild*, *Münchner Merkur* (5. bis 17. März 1984, 3. bis 15. März 2014), *Tagesschau* (6. bis 19. März 1989, 3. bis 15. März 2014). N = 408. Rundungsfehler

Wer den Wandel der Medienrealität, den die Abbildungen 2 bis 4 einfangen, dramatisch findet und zum Beispiel anfängt, nach den Folgen für die Meinungs- und Willensbildung in Deutschland zu fragen sowie nach der Funktionsfähigkeit eines Mediensystems, das immer weniger über Politik und Wirtschaft berichtet und dort (wie auch in den anderen Ressorts) vor allem Hahnenkämpfe in möglichst dunklem Licht präsentiert, der ist auf dem richtigen Weg und doch erst halb am Ziel. Die Daten, die bisher präsentiert wurden, scheren sehr unterschiedliche Medienangebote über einen Kamm.

Die Studie von Maria Karidi, auf die sich dieser Abschnitt stützt, zeigt: Die *Bild-Zeitung* war schon 1984 die *Bild-Zeitung* – ein Boulevardblatt, das auf der Straße verkauft werden muss und deshalb bereits vor 30 Jahren eher am kommerziellen Pol der Medienlogik angesiedelt war als am normativen. Der Anteil emotionaler Artikel zum Beispiel (also Texte, die Gefühle darstellen oder stark werten) ist dort im Zeitverlauf sogar leicht zurückgegangen (von 19,2 auf 18,4 Prozent) und der Anstieg in Sachen Negativität, Konflikt, Sensationen oder

Abbildung 5: Präsentationsstil[64]

	SZ 1984	SZ 2014	Bild 1984	Bild 2014
Nachrichtlich	80,7	51,2	71,0	70,2
Meinungsbetont	15,5	30,7	16,0	16,0
Erzählend	3,4	16,7	12,0	11,9
Interview	0,4	1,4	1,0	1,9
	100	100	100	100

Angaben in Prozent. 5. bis 17. März 1984, 3. bis 15. März 2014. N = 1395 (SZ), 1107 (*Bild*)

Skandale längst nicht so groß wie im Durchschnitt.[63] Das heißt im Umkehrschluss: Verändert haben sich vor allem die Qualitätsmedien. Schon ein Blick auf den Präsentationsstil der *Süddeutschen Zeitung* zeigt, dass dort der sachlich-objektive Ton deutlich auf dem Rückzug ist – selbst dann, wenn man alle

Abbildung 6: Auswahl und Aufbereitung in den Leitmedien[65]

	SZ 1984	SZ 2014	Tagesschau 1989	Tagesschau 2014
Themen				
Politik und Wirtschaft	62,9	45,8	78,0	59,7
Soft News	31,2	48,9	14,5	35,4
Service und Angstthemen	5,9	5,4	7,5	4,9
Merkmale				
Negativität	37,8	44,4	40,7	58,8
Konflikt	11,8	21,8	26,1	38,5
Skandal	4,0	7,8	3,3	9,7
Prominenz	1,2	6,7	0,4	7,5
Emotionen	3,3	12,4	5,4	9,4
Lockere Sprache	4,2	9,1	0,4	0,4
Folgeberichte	9,0	21,1	24,1	50,9

Angaben in Prozent. 5. bis 17. März 1984 (*Tagesschau*: 6. bis 19. März 1989), 3. bis 15. März 2014. N = 1384-1394 (SZ), 465-467 (*Tagesschau*). Soft News: Sport, Gesellschaft, Human Interest, Kultur, Mensch & Umwelt, Wissenschaft, Gesundheit. Angstthemen: Kriminalität, Verbrechen, Unfälle, Katastrophen, Anschläge. N = 4443. Rundungsfehler. *Lesehilfe*: 1984 ging es in 11,8 Prozent der untersuchten SZ-Beiträge um Konflikte. Einzelne Beiträge können mehrere der genannten Selektionskriterien und Merkmale aufweisen, andere auch gar keine.

Meldungen und Kurznachrichten einbezieht, die kaum anders zu schreiben sind.

Die *Tagesschau* fehlt in Abbildung 5, weil dort zumindest formal immer noch meist das geliefert wird, was man landläufig unter Nachrichten versteht (Beiträge ohne Wertungen oder persönliche Färbung, 2014: 86,7 Prozent), jenseits des Stils aber lässt sich auch das Flaggschiff des öffentlich-rechtlichen Fernsehens längst viel stärker vom Wind des Marktes treiben als früher. Der Imperativ der Aufmerksamkeit gilt auch dort, wo Aufklärung und Orientierung am Klingelschild stehen (Abbildung 6).

Die Grenzen des Alphajournalismus

Die neue Medienrealität, die sich hier in nackten Daten niederschlägt und vorher durch die Brille von Journalisten skizziert wurde sowie anhand von Beispielen aus ganz unterschiedlichen Ecken der Gesellschaft, hat der Politikwissenschaftler Thomas Meyer, Jahrgang 1943, zu einem Generalangriff auf den Berufsstand genutzt. Meyer spricht von einer »Journalistendemokratie«, in der »Großjournalisten« ihr »Publikationsprivileg« missbrauchen würden, um mitzuregieren – Menschen, die sogar über den Göttern stehen würden, weil sie immun seien gegen Kritik. »Die Welt als Wille und Vorstellung eines selbstbewussten Journalismus, der sein Maß nur noch in sich selbst findet, da wirksamer Einspruch bei diesem ›Teilsystem‹ – im Unterschied übrigens zu allen anderen – nicht möglich ist, weil alles, was über dieses System öffentlich gesagt werden kann, durch dieses System selbst hindurch muss.«

Wir sagen, wann es kalt ist. Das schon. Auch Meyers Kritik an der »Herde«, die auf Christian Wulff losgegangen ist und auf den Kanzlerkandidaten Peer Steinbrück, ist schlüssig. Er kennt den »permanenten Echtzeitdruck«, die »Filtersysteme« Selektion und Präsentation, die selbst Alphajournalisten »enge Grenzen« setzen (was lässt sich so inszenieren, dass »das maximale Publikumsinteresse gewährleistet ist«), sowie Kernelemente der Medienlogik, die in solchen Kampagnen aufscheinen – die »privatisierende Sprache« etwa oder das, was der Medienforscher Bernhard Pörksen »schmutzige Psychologie«[66] genannt hat. Bei der Ursachenforschung allerdings bleibt Thomas Meyer, Mitglied der SPD und dort stellvertretender Vorsitzender der Grundwertekommission, auf Parteilinie. Die »Konzentration und Flexibilisierung des Medienmarktes«. Wer ständig Angst um seinen Job habe und wisse, dass er vielleicht schon morgen bei der Konkurrenz anheuern müsse, verkneife sich Kollegenschelte. »Sie alle suchen den Schutz der Herde.«[67]

Dass Politiker die Handlungslogik des Mediensystems kennen und die Maschine mit belanglosem Stoff füllen können, um hinter den Kulissen an dem zu arbeiten, was sie wirklich umtreibt, dass die Massenmedien immer wieder nach Neuem verlangen und das Thema einfach wechseln, wenn der Nachschub versiegt, und dass Journalisten (sogar die Übermenschen) an Begriffen und Ideen kleben, die ihnen aus viel, viel besser ausgestatteten Parteistäben und Denkfabriken (bewusst) zugeworfen werden – all das passt nicht in Meyers »Journalistendemokratie«. Die Gefahr geht weniger (wie Thomas Meyer meint) vom »journalistischen Übermenschentum« (Frank Schirrmacher) aus (selbst wenn es in einzelnen Redaktionsstuben entsprechende Allmachtsfantasien geben mag), sondern von einem Mediensystem, in dem Publikumsmaximierung alle anderen Normen schlägt, und (fast noch mehr) von einer Umwelt, die das weiß und für die eigenen Interessen nutzt. Darum geht es im nächsten Kapitel.

3 MEDIALISIERUNG I
WIE DER SPITZENSPORT ZUR SHOW WURDE

DAS FERNSEHEN SAGT, WIE GESPIELT WIRD UND WER GEWINNT

Zurück zum ersten Julisonntag 1974, zurück ins Münchener Olympiastadion, zurück in eine Zeit, in der Fußball noch Fußball war und keine Fernsehshow. Stopp. Jeder weiß, wo der Fußball herkommt. Elf Spieler, die wild auf dem Feld umherlaufen, 1870 ungefähr. 30 Jahre später immer noch Torhüter, die den Ball bis zur Mittellinie tragen, und Systeme, die nur zwei Verteidiger kennen, dafür aber acht Stürmer.[1] Darum geht es nicht. Christoph Biermann, der für die Zeitschrift *11 Freunde* schreibt und viele Jahre neben *Sky*-Kommentator Marcel Reif saß, hat das »perfekte Spiel« gesucht und dabei eine Ahnung bekommen, wie »Fußball im Himmel sein« muss. Das WM-Finale von 1970 zum Beispiel, Brasilien gegen Italien, mit Pelé und im Fernsehen schon in Farbe. Oder das Europapokalfinale zwischen Real Madrid und Eintracht Frankfurt 1960 in Glasgow vor 127 000 Zuschauern im Hampden Park, noch in schwarz-weiß und in der *Süddeutschen Zeitung* am nächsten Tag gar nur in einer Randspalte.[2] »Es gibt prasselnden Beifall für die sieben Tore der Spanier und die drei Treffer der Frankfurter, und immer spürt man die unschuldige und zutiefst ehrliche Freude des Publikums darüber, dass sie das hier sehen dürfen.«[3] Christoph Biermann weiß, wer seitdem auf der Erde erschienen ist. Analysten, die jeden Laufweg, jede Flanke, jeden Schuss vermessen, Konzepttrainer, Fitnessgurus. Biermann weiß auch, was wir auf dem Bildschirm sehen wollen. Passstafetten, Eleganz, Tempo. Der Ball nicht länger am Fuß als eine Einstellung im Blockbuster. Abspielen, Schnitt.[4]

Darum geht es in den nächsten drei Kapiteln. Um eine Welt, die sich die Handlungslogik der Massenmedien einverleibt hat, um die Filter dieses Systems passieren zu können. So viel Sendezeit wie möglich, und zwar dann, wenn alle schauen. Und schöne Bilder, bitte. Bilder und Berichte, die den eigenen Interessen dienen. Christoph Biermann ist Journalist genug, um Kollegen zu kennen, die »Handlanger der Klubs« sind. Bei ihm arbeiten diese Kollegen in Italien, wo »Vereinseigner wie die Agnelli-Familie« die Fernsehrechte kontrollieren, Zeitungen besitzen und so Stimmung erzeugen können, etwa gegen Schiedsrichter. Biermann weiß auch, was die Kameras aus Fußballschuhen gemacht haben, aus Spielerfrisuren und aus dem Torjubel.[5] Dazu gleich mehr.

Dieses Buch geht drei Schritte weiter. Es zeigt erstens (in diesem Kapitel), dass die Massenmedien und hier vor allem die kommerziellen TV-Sender den Fußball und jeden anderen Spitzensport seit den 1980er Jahren nach ihrem Bild geformt haben. Auf dem Volleyballfeld, im Modernen Fünfkampf und sogar in der Allianz Arena geht es immer noch um Sieg und Niederlage (das ist der Code des sozialen Funktionssystems Sport).

Aber wo und wann gespielt und gekämpft wird, nach welchen Regeln dies geschieht und wer mitmachen darf, das entscheidet heute der Blick auf das Fernsehen. Das wäre nicht weiter dramatisch, wenn dies, Schritt zwei (Kapitel 4), nicht auch für die anderen sozialen Funktionssysteme gelten würde. Politik, Wirtschaft und Recht, Theater, Kino und Schule, Wissenschaft und Religion: Überall glauben Akteure, dass Massenmedien Einfluss haben auf die Einstellungen von Menschen, auf ihr Wissen, ihre Gefühle und ihr Verhalten. Überall möchten Akteure diesen Einfluss für ihre Interessen nutzen oder wenigstens verhindern, dass ihnen Medienberichte schaden. Und überall passen Akteure deshalb ihre Strategien an die Handlungslogik der Massenmedien an, schichten Ressourcen um (Personal, Geld) und ändern die Programme, die den Systemcode jeweils operationalisieren – zum Beispiel die Kandidatenkür für Wahlen oder den Rhythmus und die Regeln von Parteitagen. Wer wird delegiert, was haben diese Delegierten anzuziehen, wie lange dürfen sie worüber sprechen?[6]

Mögen die Agnellis in Italien Journalisten bezahlen, okay. Die Medialisierung sorgt dafür, dass auch die Reporter und Redakteure, die nicht auf dubiosen Gehaltslisten stehen, das geschenkt bekommen, wonach sie ohnehin suchen. Nie gesehene Bilder, Superlative und tolle Geschichten, am besten als Seifenoper, immer weiter fortzusetzen. Eine Welt, die originell ist, einfach und übersichtlich, eine Welt, die es so noch nicht gab und in der es vor Prominenten nur so wimmelt. Nicht nur Politiker formulieren ihre Gedanken längst so, dass sie es am Abend in die Fernsehnachrichten schaffen, trainieren für Interviews und bezahlen PR-Profis, die unliebsame Veröffentlichungen entweder verhindern oder die Folgen mildern. Schritt drei betrifft folglich das, was die Gesellschaft, was wir alle von den Massenmedien erwarten. Ein Journalismus, der seine Kritik- und Kontrollfunktion erfüllt, Orientierung liefert und möglicherweise sogar investigativ arbeitet, wird nicht nur durch den Imperativ der Aufmerksamkeit behindert, sondern vielleicht noch mehr durch eine Welt, die selbst zur Medienrealität wird.

Um diesen Wandel nachzuweisen, stützen sich die nächsten drei Kapitel auf Zeitzeugen- und Experteninterviews, auf Autobiografien, Tagebücher und Akten, auf Statistiken und TV-Bilder. Wie sah die Welt damals aus, vor den drei Medienrevolutionen, und wie ist es jetzt? Es ist oft wenig sinnvoll, Akteure oder langjährige Beobachter direkt zu fragen, warum manche Dinge heute anders sind als früher – und das keineswegs nur wegen der »shifting baselines«, wegen des Phänomens, dass wir unsere Wahrnehmung ständig nachjustieren.[7] Politikerinnen, Vereinschefs und Kulturmanagerinnen wissen nicht nur um die Handlungslogik und die Macht des Mediensystems, sondern auch um die Ziele und Ressourcen anderer Akteure, in Wirtschaft und Wissenschaft, in der Medizin, in der Justiz. Wenn sie Strategien ändern, den Umgang mit Ressourcen oder gar Systemprogramme, dann wird abgewogen, dann muss legitimiert werden. Wer ist schon so offen wie der einstige DFB-Präsident Theo Zwanziger, der in seiner Autobiografie zugab, dass Silvia Neid 2005 Frauen-Bundestrainerin wurde, weil sie ein »Fernsehgesicht« hat?[8] Reiner Calmund, natürlich, auch wieder in einer Autobiografie. Dort steht, dass der Trainer Berti Vogts in Leverkusen entlassen wurde, weil er die Medien nicht beherrschte, und Dragoslav Stepanović (Lebbe geht weida) sowie Rudi Völler kamen, um etwas Zirkusluft in die BayArena zu bringen. Calmund ließ auch das fällige Punktspiel gegen Homburg einfach ausfallen (indem der Platz unbespielbar gemacht wurde), als am 16. Dezember 1989 Andreas Thom in die Bundesliga wechselte, DDR-Nationalspieler Nummer eins im Westen. Das Ziel des Leverkusener Managers: eine »historische Pressekonferenz« mit einer Exklusivnachricht. Ein stinknormales Bundesligamatch hätte da nur gestört.[9]

Die Rekrutierung von Spitzenpersonal ist ein erster Indikator für Medialisierung. Trainer und Stürmerstars, Parteichefs, Vorstandsvorsitzende, Präsidentinnen, Cheftrainer, Spitzenköche. Ronald Reagan, Arnold Schwarzenegger, Donald Trump. Zwei Hollywoodikonen in höchsten politischen Ämtern sowie ein Unternehmer, der seit 2004 mehr als zehn Jahre lang regelmäßig im Fernsehen zu sehen war (in der NBC-Reality-Show *The Apprentice*, wo es einen Vertrag mit Trump zu gewinnen gab) und der den Imperativ der Aufmerksamkeit auch sonst perfekt zu bedienen weiß. Es ist kein Zufall, dass diese drei Politikfiguren in einer Medienumgebung geboren wurden, die schon kommerzialisiert war, als in Deutschland noch Rudi Michel und Hanns Joachim Friedrichs das Mikrofon hielten.

Wenn Parteien, Unternehmen, Universitäten, Fußballklubs oder Restaurants heute auch hierzulande nach Reagans, Arnies und Trumps fahnden, ist das in der Sprache dieses Buchs, das sei wiederholt, trotzdem nicht Kommerzialisierung oder Ökonomisierung, weil diese Fahndung zunächst auf die Handlungslogik der Massenmedien zielt und erst über den Umweg der Medienpräsenz auch zu wirtschaftlichem Erfolg werden kann. Sozialer Wandel heißt hier Medialisierung, wenn er sich auf die Filter des Mediensystems bezieht, die in Kapitel 2 beschrieben wurden. Das gilt auch für die anderen Indikatoren: Regeln, Reputationszuweisung und Positionsvergabe, Öffentlichkeitsarbeit und Medientraining, Veranstaltungen (neben Parteitagen und Meisterschaften zum Beispiel Festivals oder Kirchentage) und Bühnen aller Art – Firmen- und Parteizentralen, der Regierungssitz, Plenarsäle, Flagship-Stores, Museen, Konzerthallen, Kirchen oder Stadien.

Warum der Fußball die Medien braucht und sie trotzdem lenken kann

Und damit endlich zurück zum Fußball, zurück ins Münchener Olympiastadion, wo die Niederlande und die Bundesrepublik Deutschland um den Weltmeistertitel spielen. Fußball, immer wieder Fußball. »Mir leuchtet nicht ein, warum die Medialisierung anhand eines so offensichtlichen Anwendungsfalls durchgenommen werden muss«, schrieb eine Kollegin, die diese Untersuchung für eine Fachzeitschrift begutachten musste.[10] Wer das genauso sieht, springt am besten gleich in den hinteren Teil, in dem es um andere Sportarten geht, oder noch besser in das nächste Kapitel. Antwort für alle anderen: Weil der Spitzensport stärker von öffentlicher Aufmerksamkeit abhängt als Schule, Recht oder Religion. Weil es Spitzensport überhaupt nicht geben würde ohne Präsenz in den Massenmedien und weil man an diesem Beispiel besonders gut zeigen kann, was sich deshalb alles verändert hat. Sozusagen als Sehhilfe für das, was ganz ähnlich und parallel auch in anderen sozialen Funktionssystemen passiert.

Spitzensport ist in jeder Hinsicht teuer. Die Infrastruktur, Geräte und Material, das Personal. Politik und Wirtschaft (zu der auch Medienunternehmen gehören) investieren in den Spitzensport, weil sie von ihm profitieren wollen. Emotionen, Vorbilder, Imagetransfer: Alles, was der Profifußball oder Olympische Spiele liefern können, hängt an positiver Resonanz in den Massenmedien. Im Sommer 2014 sind Angela Merkel und Joachim Gauck nach Rio de Janeiro zur Fußball-WM gefahren, Merkel sogar zweimal. 2016 zur Fußball-EM nicht. Politik und Wirtschaft haben dabei nicht nur im Sport freie Auswahl: Sie können genauso gut in die Kunst investieren oder in die Wissenschaft. Das Interesse von Spielern, Trainern und Funktionären ergibt sich aus dieser Akteurskonstellation fast von selbst: möglichst umfangreiche Berichte in den Massenmedien, möglichst positive Berichte in den Massenmedien. Dafür müssen sie etwas bieten, was Aufmerksamkeit garantiert, erst recht im Fernsehen, wo Filme, Serien und Shows auf der Fernbedienung nur einen Klick entfernt sind.

Um nicht falsch verstanden zu werden: Der Fußball war dafür auch am 7. Juli 1974 schon ziemlich perfekt. Das Stadion voll, der Rasen grün (augenfreundlich) und im richtigen Format. Regeln, die jeder versteht, und Ergebnisse, für die man nur in Christoph Biermanns Himmel bis sieben zählen können muss. Überhaupt: Ergebnisse. Fakten, die man melden kann. Auf dem Platz eine Gruppe Menschen, die überschaubar ist, aber trotzdem groß genug, um Hierarchien, Kooperation und Streit, Ein- und Unterordnung studieren zu können. Stars (Beckenbauer, Cruyff) und damit auch Konflikte auf Königsebene (Kaiser versus König). Schiris, die Elfmeter pfeifen, obwohl das Foul außerhalb des Strafraums war. Vor allem aber: Spannung. 1974: Jürgen Sparwasser. Ein Angriff, und die Welt steht Kopf.

Auch diese ziemlich perfekte Sportart hat sich allerdings mit der Handlungslogik des Mediensystems verändert. Wenn man so will: weiter perfektioniert. Natürlich: Trainingsmethoden, Trainerausbildung, Ernährung. Scouting. Der Talentestrom, der mit den Fernsehgeldern gewachsen ist und mit der »Entproletarisierung«[11] des Fußballs. Die vielen Menschen, die heute bezahlt werden können, weil man nicht mehr von Tickets leben muss und von Freundschaftsspielen – wie 1974, als ein Titelprämienwunsch von 100 000 Mark die Funktionäre um den Verstand zu bringen schien.[12] Beobachten der Gegner, Videoanalysen, Feilen an der Taktik. Alles richtig. Hier wird nicht behauptet, dass das Finale im Münchener Olympiastadion nur deshalb in fast jeder Hinsicht anders war als die WM-Endspiele von 2010 oder 2014, weil die Akteure im Fußball heute wissen, wie die Massenmedien funktionieren und wie sehr sie von der Berichterstattung abhängen. Trotzdem: Nicht nur das Personal ist kameratauglich geworden, sondern auch das, was dieses Personal tut – auf dem Platz, neben dem Platz. Das ganze Drumherum ist medientauglich. Die Stadien, die Öffentlichkeitsarbeit, das Transfertheater. Medialisierung.

Dass der Fußball die Medienlogik bedient und dabei immer besser wird, ist allerdings nur die halbe Wahrheit. Der Fußball beeinflusst diese Logik zu seinen Gunsten. Medienlenkung, ganz ohne Propagandaministerium und Abteilung Agitation im Zentralkomitee der herrschenden Partei. Der Fußball kann das, weil er im Zentrum des öffentlichen Interesses steht. Jede Redaktion will Fußball senden, drucken, twittern. Jede Redaktion muss Fußball senden, drucken, twittern, wenn sie ihr Publikum nicht an die Konkurrenz verlieren will. Der Fußball sitzt am längeren Hebel. Er lässt sich teuer dafür bezahlen, dass er das liefert, was Massenmedien brauchen, die dem Imperativ der Aufmerksamkeit folgen. Er versucht zu diktieren, wie über ihn berichtet wird.

Und er hat damit Erfolg. Berichte über Doping? Gibt es, ja. Auf dem Buchmarkt[13] und in der Qualitätspresse, die (noch?) keine Rechte kaufen muss.[14] Aber sonst? Jubel, Trubel, Heiterkeit. Katrin Müller-Hohenstein. Bilder direkt aus der PR-Kamera.

»Ich habe ja inzwischen den Verdacht, dass heute selbst die eng begrenzten Interviewrituale vorgedacht sind und dass bei der Nationalmannschaft der alte Redaktionsleiter von *Harald Schmidt* oder so sitzt und sich Sachen überlegt«, sagte Reinhold Beckmann über die 2016er EM-Berichte der Öffentlich-Rechtlichen. »Wenn Löw vor dem Italien-Spiel sagt: ›Die Vergangenheit ist kalter Kaffee. Ein frischer Espresso ist uns lieber‹, dann klingt das wie aus einer geheimen Gagmanufaktur.« Vermutlich braucht es diese Manufaktur nicht einmal. Beckmann: »Ich kann mich nicht erinnern, dass ein Turnier von den Medien schon mal so euphorisch begleitet worden wäre. Wenn der Bundestrainer und seine Spieler die Abschlussschwäche gegen Nordirland kritischer sehen als die Journalisten, und wenn sie für ihren Realitätssinn dann noch gescholten werden, dann ist doch etwas verrückt.«[15] Verrückt ist der Fußball nicht geworden. Nur eine Fernsehshow. Und Reinhold Beckmann hat kräftig mitgeholfen.

Sixpacks, Fernsehtrainer, Remmidemmi und eine Watschen

Die Helden von 1974 sehen nicht aus wie Hollywoodstars, sondern eher wie Sie und ich: manche mit etwas zu viel Bauch, kein Sixpack nirgends, die Haare leicht verklebt. Sportler halt.

Helmut Schön, der deutsche Coach, sitzt mit Mütze und hellblauer Adidas-Jacke auf der Bank. Ein stiller Arbeiter, oft im Trainingsanzug zu sehen, nicht besonders eloquent und sicher in einer anderen Liga als Jack Lemmon, Marlon Brando, Robert Redford, Al Pacino und Jack Nicholson, die im gleichen Jahr für den Oscar nominiert waren (Sieger: Jack Lemmon). Bei Joachim Löw wäre man sich da heute nicht so sicher. Und dann erst England. Im Herbst 2016: Pep Guardiola (Manchester City), José Mourinho (Manchester United), Antonio Conte (Chelsea), Slaven Bili (West Ham United), Mark Hughes (Stoke City), Arsène Wenger (Arsenal). Was für eine Besetzungsliste. Jürgen Klopp (Liverpool) hat sich schon Haare pflanzen lassen, als er noch in Dortmund war, und ist jetzt fast so schlank und durchtrainiert wie Thomas Tuchel. Und lustig sowieso. Ein Oscar nach Deutschland.

Vielleicht ist Franz Beckenbauer hierzulande der erste Fernsehtrainer. Ein Teamchef ohne Trainerlizenz, der nach dem WM-Finale 1990 in Rom ein Bild für die Ewigkeit produziert, dann aber an Berti Vogts übergibt. Erich Ribbeck kommt schon 1992 eher als Medienfachmann zum FC Bayern. Karl-Heinz Rummenigge sagte seinerzeit, die Mannschaft sei auch ohne Trainer gut genug. »Herr fürs Feine« stand dann über dem Artikel im *Spiegel*, als Ribbeck sechs Jahre später Nationaltrainer wurde und den »Medienmuffel« Vogts ablöste. Uli Stielike, nicht in Hollywoodverdacht, solle die Arbeit auf dem Platz erledigen und der neue Teamchef die Journalisten besänftigen. »Public-Relations-Mann Ribbeck buhlt um Verständnis und Zeit. Er dient als Schutzschild für den Ingenieur Uli Stielike, der die Mängel wegtrainieren und die deutsche Elf wieder auf Augenhöhe mit den Weltbesten bringen soll.«[16] Schauen Sie bei den nächsten Spielen einfach in die Coaching Zone (auch eine Erfindung für das Fernsehen): immer weniger Stielikes, immer mehr Ribbecks.

Mag ein PR-Fachmann als Bayern- und als Nationaltrainer die Ausnahme sein: Heute ist unvorstellbar, dass es in der Bundesliga keinen einzigen professionellen Pressesprecher gibt, als die Jungs von Helmut Schön Weltmeister werden. Inzwischen beschäftigt jeder der etablierten Vereine in diesem Feld zehn bis 15 Mitarbeiter (entweder als Angestellte oder über Agenturen). Die ganz großen noch einmal deutlich mehr. Pionier ist Markus Hörwick, Jahrgang 1957, bis zum Sommer 2016 im Amt. Hörwicks Lebensweg steht exemplarisch für viele seiner Kollegen: in der Jugend Fußballer beim FC Bayern, fünf Jahre Reporter bei der *Bild-Zeitung*, zwei Jahre in der PR-Abteilung von Adidas, 1981 Erfindung des *Bayern Magazins* und 1983 schließlich erster Pressechef eines Bundesligaklubs im Hauptberuf.

Männer wie Hörwick wissen, wie die Massenmedien ticken. Sie haben dort selbst gearbeitet. Und sie haben dafür gesorgt, dass sich die Beziehungen zwischen Fußballern und Reportern erheblich verändert haben. »Familiärer«, sagt Jörg Wontorra, ab 1982 Sportchef bei *Radio Bremen*, über seine ersten Arbeitsjahre.[17] Sepp Maier, am 7. Juli 1974 im deutschen Tor, sagt, dass damals selbst zu den Europapokalspielen des FC Bayern nicht mehr als sieben oder acht Journalisten mitgefahren seien. »Jeder hat jeden gekannt. Wir haben die Reporter teilweise mitgenommen, wenn wir weggegangen sind. Die hatte man unter Kontrolle. Denen konnte man was erzählen, ohne dass es gleich in der Zeitung steht. Sonst hat es eine Watschen gegeben.«[18] Zum Teil haben die Funktionäre gleich selbst als »Journalisten« gearbeitet, um die Kontrolle nicht zu verlieren[19] – wie Waldemar Hartmann, der in Augsburg Stadionsprecher war und nebenbei die Spielberichte für die Lokalpresse schrieb.[20]

In seinen letzten Dienstjahren veranstaltet Markus Hörwick jeden Tag eine Pressekonferenz, sieht dort bei Großereignissen (etwa: neuer Trainer) mehr als ein Dutzend TV-Kameras (»davon vier oder fünf, die live senden«) und hat auch sonst täglich 100 und mehr Anfragen abzuarbeiten. »Die Medien stürmen mit einer derartigen Gewalt auf uns ein, dass wir einfach Regularien einführen müssen. Es kann nicht mehr jeder den Spielern hinterherlaufen.« Hörwick und seine Kollegen wissen um die Handlungslogik der Gegenseite: »Journalisten sind immer auf der Suche nach Themen. Sie wollen, dass bei uns Remmidemmi ist. Am besten soll es eine Schlägerei geben.« Folgerichtig bezahlt der Klub Profis, die genau das verhindern – indem sie »proaktiv« Themen setzen (»Über Bayern wird sowieso geschrieben. Also helfen wir, die Seiten zu füllen«), Persönlichkeiten konstruieren (»Wir haben Spieler, die lustig sind, und andere, die vielleicht ganz gut aussehen und sich für ein Shooting eignen«) und im Zweifel auch Informationen blockieren (»je nachdem, was für den Klub gerade wichtig ist«).[21]

»Präventivzensur«, sagt der Sportwissenschaftler Christoph Grimmer, der für seine Dissertation die Pressechefs der Bundesliga interviewt hat (Saison 2010/11).[22] Vorher eingreifen und nicht hinterher eine Watschen. Fast alle Befragten haben Grimmer erzählt, dass sie die Berichterstattung steuern. Sie bestimmen, welche Spieler interviewt werden, und autorisieren Aussagen im Zweifel einfach nicht, sie produzieren Material, das leicht übernommen werden kann, und streuen Meldungen, die ihrem Arbeitgeber helfen. Wenn doch anders berichtet wird, üben sie Druck aus – von Mails, Anrufen und Gesprächen über Kontaktentzug und Boykottaufrufe an die Fans bis hin zur offenen Forderung nach Ablösung nicht genehmer Schreiber. Grimmer protokolliert, wo das funktioniert hat (beim 1. FC Kaiserslautern, der gleich zweimal den Reporter der *Saarbrücker Zeitung* austauschen ließ)[23], wie ein Trainerwechsel in der Presseöffentlichkeit als genialer Schachzug erscheint (wenn die wichtigsten Blätter mit dem richtigen Namen spekulieren können)[24] und wie der Mustervertrag der DFL den Spielern einen Maulkorb verpasst. Von Journalisten halten die Pressesprecher generell nicht viel. Träge und bequem, schludrig und ahnungslos.

Am 7. Juli 1974 ist nicht abzusehen, dass Fußballer in breiter Front zu Unterhaltungsstars werden könnten. TV-Auftritte und Statements in der Presse sind die absolute Ausnahme. Abgesehen von Franz Beckenbauer, Günter Netzer oder Paul Breitner haben normale Bundesligaspieler während ihrer gesamten Karriere so gut wie keinen Medienkontakt.[25] Der Chronist Roland Reng hat dies mit dem Image des Spiels begründet (»Fußball war der Proletensport in einer Gesellschaft, in der kaum noch jemand Arbeiter sein wollte«) und mit dem Selbstverständnis der Journalisten, die allenfalls den Präsidenten oder den Trainer in die Redaktion bestellt hätten, sich aber sicher gewesen seien, selbst besser formulieren zu können als jeder Spieler.

Heute haben schon Jugendspieler Berater, die Medientermine koordinieren, Veröffentlichungen autorisieren, die Profile in den sozialen Medien pflegen und ihre Schützlinge zu einer Marke entwickeln. »Wenn Jogi Löw ins *Sportstudio* fährt, dann muss er wissen, was gerade läuft«, sagt Roland Eitel, Berater des Nationaltrainers. »Was für Fragen können auf mich zukommen? Was sage ich, wenn er mich nach Ballack fragt?« Der Aufwand für diesen »Teil des Jobs« hängt auch vom Standort ab. In Medienstädten wie München, Berlin, Hamburg oder Köln leicht fünf bis zehn Stunden pro Woche, schätzt Roland Eitel. Und in Dortmund? Etwa eine Stunde – immer noch deutlich mehr als in Freiburg, Hoffenheim oder Bremen, wo es »eigentlich gar nichts« gebe.[26] Wer nicht glaubt, dass Fernsehtauglichkeit längst genauso wichtig ist wie Dribbeln, Passen, Köpfen, denke nur an Sebastian Deisler. Ein Jahrhunderttalent, das nicht damit klar kam, eine öffentliche Figur zu sein. Karriereende mit 27 Jahren.[27] Ein Gegenbeispiel ist Jens Lehmann, für den das Duell mit Oliver Kahn um den Platz im WM-Tor 2006 eine Art Wahlkampf war. Er habe versucht, nach jedem Punktspiel strategische Interviews zu geben und sich so gegen die Bayern-Lobby und hier vor allem gegen die Kolumnen von Franz Beckenbauer zu wehren.[28]

Medientraining verändert die Arbeitsbedingungen der Reporter und die Medieninhalte. Und das Beispiel Medientraining eignet sich gut, um das Wechselspiel zwischen der Handlungslogik der Massenmedien, dem Fußball und der öffentlichen Wahrnehmung zu illustrieren. Dass man heute für gewöhnliche Punktspiele in der Allianz Arena nur mit Glück oder Beziehungen Tickets bekommt (selbst für Pokalspiele gegen Zweitligisten) und dass die Fußballbundesliga auch in anderen Orten im Zentrum der Gesellschaft steht, ist in den 1980er Jahren kaum vorstellbar. In den Stadien sind selten mehr als 20 000 Zuschauer, es gibt eine öffentliche Debatte um Schmutz, Gewalt und Angst (auch getragen von den Öffentlich-Rechtlichen), und Städte wie Stuttgart investieren im Geist der Individualisierung sowie unter dem Eindruck der Erfolge von Boris Becker und Steffi Graf in Einzelsportarten wie Leichtathletik oder Tennis.[29]

Dann kommen Ulli Potofski und Reinhold Beckmann. *Anpfiff* (RTL, 1988) und *ran* (Sat.1, 1992). Roland Reng hat geschrieben, dass die Millionen aus dem kommerziellen Fernsehen »über eine Strecke von 20 Jahren den Fußball« geschaffen hätten, den das Medium »propagierte, den es brauchte: temporeich, dynamisch, in seiner Spitze spektakulär, stylish«.[30] Daten, die das beweisen, gibt es gleich. Mit Potofski und Beckmann werden die öffentlichen Konstruktionen des Spiels »dramatischer und menschlicher«.[31] Ein guter Fußballreporter in den 1990ern? Hat die Privatnummern der Spieler. Stars wie Lothar Matthäus sprechen auch so mit jedem von ihnen.[32] »Wie habe ich ihn geliebt«, sagt Claudia Duchêne, damals bei *ran*. »Da habe ich das Mikro hingehalten und musste nicht mal mehr fragen. Es sprudelte trotzdem.«[33] Die Vereine haben daraus gelernt. »In den Musterverträgen steht heute, dass kein Interview ohne Rücksprache gehalten werden darf« (Roland Eitel). Da das direkt nach Abpfiff nicht immer einzuhalten ist, lernen die Spieler, »nichts gegen Mannschaftskameraden zu sagen und nichts gegen den Trainer« (Manfred Schulte, Berater der Bender-Zwillinge).[34] Private Eskapaden, gar Trinkgelage, von denen Toni Schumacher, Uli Borowka, Stefan Effenberg oder Lothar Matthäus in ihren Autobiografien berichten?[35] Undenkbar. Die Journalisten wiederum bekommen so keinen Stoff für »Remmidemmi« (Markus Hörwick) und verstehen sich heute auch deshalb eher als Unterhalter, Experten und Kritiker, weil Hunderte Kollegen nach den gleichen (nicht mehr kommunizierten) Geschichten fahnden.

Tausche Hoeneß versus Daum gegen Transfergerüchte

Das Geld, sagt Hans-Peter Pull, der schon mit Werner Hansch beim WDR gearbeitet hat und heute beim *Bayerischen Rundfunk* Radio macht. Das Geld hat die Spieler verändert. »Dass Franck Ribéry heute französisch essen war, ist inzwischen fast wichtiger als ein Champions-League-Sieg im Volleyball. Traurig, aber wahr. Die Spieler sitzen außerdem am längeren Hebel. Nicht mal der *Kicker* hat sich getraut, Michael Ballack eine Vier oder eine Fünf zu geben, wenn er schlecht gespielt hat.« Warum das? »Damit Ballack nicht sauer ist. Sonst spricht er vier Wochen nicht mit den Redakteuren. Das ist lachhaft. Früher stand die ganze Mannschaft in München an der Säbener Straße und hat danach geheischt, mit uns reden zu dürfen. Heute steht man da vor einem Käfig und muss ein Formular ausfüllen, wenn man zur Pressekonferenz will, um sich irgendwelche sinnlosen Statements anzuhören.« Und was ist mit Kritik? »Ein Geben und Nehmen. Der FC Bayern lädt die Journalisten zum Beispiel bei den Champions-League-Reisen am Abend vorher zu einem Medienessen ein. Dafür wird von uns dann erwartet, dass wir nicht alles in die Öffentlichkeit zerren. Ich bin immer für Kooperation. Nach dem Spiel kann ich nicht einfach Manuel Neuer interviewen. Ich muss erst zum Mediendirektor gehen und fragen.« Was passiert, wenn Sie das nicht machen? »Manchmal rastet Markus Hörwick aus und sagt, Kinder, wir haben eine Vereinbarung und ich bringe euch die Leute. Er hat mir auch schon jemanden während eines laufenden Gesprächs weggezerrt und ein Nachspiel angedroht.«[36]

Hans-Peter Pull ist beim Radio, beim kleinen Bruder des Fernsehens. Claudia Duchêne, heute wie Pull beim *Bayerischen*

Rundfunk: »Was wir senden, ist vorgegeben. Es gibt ganz klare Richtlinien. Deine Interviews darfst du nur da und da machen. Wenn du dort kein Interview kriegst, dann hast du halt keins. Wenn du beim FC Bayern zur Pressekonferenz eingeladen wirst, musst du dein Kamerateam nicht mehr mitnehmen. Das macht natürlich Bayern TV. Bayern TV dreht und bietet uns die Bilder an.« Die Bayern-Version. »Nur die. Als Schweinsteiger sich einmal ausgelassen hat über seine Rolle als Kapitän, gab es einfach keinen O-Ton und keine Bilder. Wir sind so verzweifelt, dass wir Sachen von *YouTube* nehmen und Videojournalisten losschicken. Leute mit einer kleinen Kamera, die näher an die Spieler rankommen. Die Bilder sind dann zwar schlecht, aber wir haben Boateng, der sagt, dass er jetzt essen geht. Ein Riesen-O-Ton. Darauf läuft es hinaus. Journalisten werden überflüssig.« Es gibt ja noch die Sendungen mit Studiogästen. »Schönes Beispiel. Als Redakteur beobachtet man die Szene und denkt sich, ich möchte den Schweinsteiger. Es reicht aber nicht, wenn er auch will. All deine fantastischen Kontakte sind nichts mehr wert. Du musst den Pressesprecher fragen. Sonntagabend ruft dann Markus Hörwick an und sagt: Butt kommt. Ist doch auch toll, oder?« Und? Ist es toll? »Ja. Wir sind froh, dass wir überhaupt einen kriegen. Wir haben keine Chance mehr.«

Claudia Duchêne liebt ihren Job. Zufrieden nach Hause geht sie trotzdem nicht mehr. »Das gibt es nicht. Man weiß schon vorher, welche Fragen nicht gestellt werden dürfen, weil es so abgesprochen ist und wir nicht den Mut hatten, den Gast einfach abzulehnen.« Steht irgendwo geschrieben, was nicht angesprochen werden darf? »Es gibt keine Listen. Es gibt die berühmten Telefonate, kurz vor der Sendung. Für die Manager und die Pressesprecher ist das auch immer ein Spagat. Sie wollen, dass ihr Spieler gehypt wird, aber es soll nicht wehtun. Uli Hoeneß gegen Christoph Daum live im *Sportstudio*, 1989. Ein Höhepunkt der Fernsehgeschichte. So etwas wird es nicht mehr geben. Dazu haben alle zu viel gelernt.«[37]

Matthäus und Schweinsteiger, Daum und Hoeneß: Mit der Personalisierung der Berichterstattung wurden die Spieler interessant, die Trainer, die Manager. Das hat alle drei Berufe verändert und den des Managers eigentlich erst geschaffen. So ein ›Gesicht des Vereins‹ gibt es Anfang der 1970er Jahre nur bei Bayern München (Robert Schwan) und Borussia Mönchengladbach (Helmut Grashoff) und selbst Mitte der 1990er Jahre nur in 13 von 18 Bundesligaklubs.[38] Was Grashoff einst mit weniger als einer Handvoll Leuten schaffte, erledigen bei der Borussia heute rund 100 Angestellte, geführt von Abteilungsleitern für Sponsoring, Medien und Marketing, Verwaltung und Controlling, Scouting, Jugend, Merchandising, Stadionbetrieb. Grashoffs Erbe Max Eberl nennt sich Sportdirektor, sitzt auf der Bank, gibt Interviews und muss im Zweifel den Kopf hinhalten.

Auch der Weg in diesen Beruf hat sich verändert: Der gelernte Kaufmann Grashoff kam dazu wie die Jungfrau zum Kind (weil er mit Gladbachs Präsident Helmut Beyer regelmäßig Skat spielte). Der Ex-Bundesligaprofi Eberl hat Abitur und einen Abschluss als Sportfachwirt.[39] Noch wichtiger: Er kann mit den Medien. Genau wie der moderne Coach muss der moderne Manager kommunizieren können und fernsehtauglich sein. »Meine größte Aufgabe war, die Medien zu reizen«, sagte Udo Lattek über die Zeit, die er technischer Direktor beim 1. FC Köln war, bei Gladbachs Erzrivalen. »Irgendwelche Punkte zu setzen. Und der eine Punkt war zum Beispiel der blaue Pullover.«[40] Nur zur Erinnerung: 1987 trug Lattek das gute Stück 15 Spieltage nacheinander (der Legende nach nie gewaschen), weil es angeblich Siege garantierte. Eine Fortsetzungsgeschichte, die bis heute immer wieder aufgewärmt werden kann.

Wenn die Marotten ausgehen, gibt es Transfers. Oder Transfergerüchte. Die Vereine scheinen Transfers geradezu erfunden zu haben, um die Medienlogik zu bedienen: Es geht um Stars und um Konflikte, und man kann auch dann etwas schreiben oder senden, wenn gar nicht gespielt wird. Natürlich: Die Bedingungen für Transfers haben sich seit dem WM-Finale im Münchener Olympiastadion erheblich geändert. Ausländerklauseln, Bosman-Urteil 1995, Spielerberater, die Millionen vom Fernsehen.[41] Genauso wahr ist, dass ein Klub manchmal einfach auf dem Spielermarkt aktiv werden muss, um den Erfolg nicht zu gefährden. Nach Verletzungen, bei Finanzproblemen. Trotzdem. Transfers im großen Stil gibt es erst, seit die Berichterstattung kommerzialisiert ist. Bis Ende der 1970er Jahre haben die Vereine ein »regionales Herz«.[42] Der FC Bayern, 1974 in den beiden Europapokal-Finals gegen Atlético Madrid: Sepp Maier, Paul Breitner, Georg Schwarzenbeck, Franz Beckenbauer, Franz Roth, Gerd Müller. Sechs Bayern und Uli Hoeneß aus Ulm. Für die Zeit bis zum Verkauf der Bundesliga-Übertragungsrechte an RTL verzeichnet die Plattform *transfermarkt.de* in jeder Saison deutlich weniger als zehn Wintertransfers. Anfang der 1990er Jahre gibt es dann einen ersten Schub, ein Jahrzehnt später einen zweiten. Seit 2008 liegt die Zahl der Wintertransfers in der Bundesliga konstant über 50.[43]

Wo und wann gespielt wird

Das Stadion, nicht zu vergessen. Moderne Fußballarenen haben nichts mehr mit dem antiken Vorbild zu tun. Das Olympiastadion in München: weit und nach oben offen, mit einer Laufbahn um das Feld, ohne steile Tribünen. Ein Dach nur für ein Drittel der Sitze und eher von künstlerischem Wert. Die Tempel, die für die WM 2006 gebaut wurden, erinnern dagegen an überdimensionale Fernsehstudios. 127 000 Menschen im Hampden Park, als Real 1960 die Eintracht besiegt. Ein Freiluftereignis, für Christoph Biermann fast schon im Himmel. Auf der Erde ist Profifußball heute zunächst vor allem ein Fixpunkt im TV-Programm. Gute Übertragungen brauchen Gesänge und zufriedene Anhänger, möglichst nah am Geschehen. Im Münchener Olympiastadion konnte man nass werden, und manchmal wehte der Wind alle Geräusche in Richtung Alpen. Die Allianz Arena ist ein Gegenentwurf. Um den Unterschied nur mit einer einzigen Zahl zu verdeutlichen: Während 1974 manche Fans 125 Meter vom Platz entfernt saßen, liegt das Maximum im Neubau bei 52 Metern. In Dortmund kann man ganz vorn fast mitspielen (sechs Meter Abstand).[44]

Dass man diese (zufriedenen) Zuschauer tatsächlich vorzeigen kann, liegt auch an einem Service, der nichts mehr mit den Zuständen aus den 1980er Jahren zu tun hat. Der Historiker Nils Havemann hat diesen Wandel auch auf die damaligen Medienberichte über Ausschreitungen und Rowdytum zurückgeführt.[45] Die Vereine hätten mit neuen Stadionordnungen und Fanprojekten reagieren müssen, da das subjektive Bedrohungsgefühl der Zuschauer zugenommen habe. Heute ist das ›Produkt Stadion‹ bis zum Nahverkehr perfektioniert.

Versorgung und Unterhaltung für jeden Geldbeutel, Raum für Gruppenerlebnisse (Bayern-Shop) und soziale Distinktion (VIP-Lounge). Auch die Journalisten dürften zufrieden sein. Das Flutlicht wirft keine Schatten mehr, das Gras sorgt für optimalen Bildkontrast, und es gibt so viele Kameraplätze, dass das Fernsehen tatsächlich nach seiner eigenen Logik arbeiten kann. Werbeflächen, Räume für Pressekonferenzen, Tribünenplätze mit Technik vom Feinsten und ausgedehnte Mixed Zones.

Dass sich ein Spiel-›Tag‹ über mehrere Wochentage erstreckt, ist für die Fans längst Gewohnheit. Am allerersten Bundesligaspieltag 1963 konnte die *Sportschau* keine Bilder zeigen, da erst um 17 Uhr angepfiffen wurden. Wann es losging, bestimmte zunächst das Sonnenlicht und später dann die Tradition.[46] Samstags um halb vier.[47] Heute regiert das Fernsehen, allen Protesten der Anhänger zum Trotz. In der Saison 2016/17 gibt es in der ersten Bundesliga fünf Anstoßzeiten und seit Herbst 2017 auch Montagsspiele. Fast nicht mehr vorstellbar, dass in den europäischen Wettbewerben bis Mitte der 1980er Jahre fast ausschließlich mittwochs gespielt wurde und nicht Dienstag bis Donnerstag. Ein WM-Finale Sonntagnachmittag um 16 Uhr und damit nicht zur besten Sendezeit? Am 7. Juli 1974, als Fußball noch Fußball war.

Wer im Jahr mehr als eine Milliarde Euro für Übertragungsrechte bezahlt (wie die deutschen Fernsehsender ab der Saison 2017/18 für die Fußballbundesliga), der will mitbestimmen. Der kann auch viel eher mitbestimmen als früher. 1964 kosten die gleichen Rechte 640 000 und noch Mitte der 1980er Jahre nicht mehr als zehn Millionen D-Mark. So viel bekommen die Stammspieler des FC Bayern heute in Euro. Für Rand- und Exotensportarten ist der Terminkalender des Fußballs eine Art Gesetz. Bloß kein wichtiges Ereignis, wenn die Bundesliga spielt oder die Nationalmannschaft. Sonst gibt es weder Sendezeit noch Kameras. Zum Teil bezahlen Sportverbände für Übertragungen, weil sie wissen: Ohne Fernsehen keine Sponsoren. Kommt das Fernsehen von alleine, wird gesprungen. »Wenn es heißt, wir werden um drei Uhr übertragen und eigentlich spielen wir erst um sechs, dann spielen wir halt um drei«, sagt Günter Hamel vom Deutschen Volleyball-Verband, den Stephanie Heinecke für ihre Dissertation über die Medialisierung des Spitzensports interviewt hat.[48]

Beachvolleyball und Moderner Fünfkampf: Verbiegen für die Medien

Zeit und Ort beeinflussen den Ausgang. Wird nachts von der Schanze gesprungen, gewinnt jemand anders als am Nachmittag. Der Biorhythmus. Parallelslalom am Münchener Olympiaberg ist etwas anderes als Parallelslalom in Kitzbühel. Mitten in der Stadt, auf einem Berg, der nicht mal ein Hügel ist. Biathlon auf Schalke. Mehr muss man eigentlich nicht sagen. Tolle Fernsehbilder.

Zeit und Ort sind allerdings ein eher kleines Übel. Beispiel Beachvolleyball, eine Sportart, die geradezu für das Fernsehen erfunden worden zu sein scheint.[49] Populär nach den Olympischen Spielen 1984 in Los Angeles und längst mindestens auf Augenhöhe mit dem großen Bruder Volleyball, olympisch seit 1964. Selbst Beachvolleyball ist heute allerdings nicht mehr mit dem vergleichbar, was in den späten 1980er Jahren unter diesem Namen lief. Wer heute ein großes Turnier austragen will, bekommt vom Weltverband buchstäblich alles vorgeschrieben. Wo haben die Kameras zu stehen, wo die Werbebanner? Wo darf überhaupt gespielt werden? Attraktiv soll sie sein, die Kulisse – junge Leute in Partystimmung, in den Alpen, in der Innenstadt. London 2012, Rio 2016. Horse Guards Parade und Copacabana.

Die Regeländerungen in Tabelle 1 sind leicht mit gutem Fernsehen zu verlinken. Größere Bälle mit weniger Innendruck fliegen langsamer und sind so auf dem Bildschirm besser zu sehen – erst recht, wenn sie bunt sind. Wenn der Sand etwas tiefer ist, sind die Spieler nicht ganz so schnell und können auch nicht ganz so hoch springen. Ergebnis: längere Ballwechsel und damit mehr Dramatik. Besser jedenfalls als Spiele, bei denen jeder Aufschlag unerreichbar in der Ecke landet. Aus dem gleichen Grund wurde das Feld kleiner. Wenn nach jedem Aufschlag ein Punkt vergeben wird (und nicht wie früher nur dann, wenn ein Aufschlag durchgebracht wird), ist die Spieldauer besser planbar (wichtig für die Sendezeitfenster), und die Verkürzung des Entscheidungssatzes auf 15 Punkte bringt die Übertragung schneller dahin, wo die Zuschauer sie haben wollen: auf einen schmalen Grat zwischen Sieg und Niederlage. In der Öffentlichkeit wird viel über die Kleidung diskutiert, aber wenig über das Coaching-Verbot. Die Kameras müssen sich dadurch auf die Spieler konzentrieren (man erinnere sich an die wunderbaren Bilder, die Jonas Reckermann und Julius Brink in London geliefert haben oder Laura Ludwig und Kira Walkenhorst in Rio) und können ungestraft auf den Po zoomen, weil dort die nächste Angriffsvariante angezeigt wird.

Tabelle 1: Regeländerungen im Beachvolleyball (Auswahl)

1992	Bälle bunt; Linien breiter (von 5 auf 8 cm), Coachingverbot
1996	Sandboden tiefer (von 30 auf 40 cm)
1996	Balldruck kleiner, 1998: Umfang größer (jetzt: 66 bis 68 cm)
2002	Feld wird verkleinert (vorher: 9x18 m; jetzt: 8x16 m)
2002	Rally-Point-System; »best of three« (3. Satz: 15 Punkte)
2012	Bekleidungsalternativen

Beispiel zwei: Moderner Fünfkampf, olympisch seit 1912 und in den letzten Jahren stets ein Streichkandidat im Programm des Internationalen Olympischen Komitees, auch weil die Protagonisten in keiner der fünf Disziplinen mit Spezialisten mithalten können.[50] Für die Sommerspiele in Rio war eigentlich ein eigenes Stadion geplant – ein Ort, an dem alle Wettkämpfe innerhalb von fünf Stunden absolviert werden können. Diese Vision wurde zwar der Krise geopfert, aber auch so ist dieser Fünfkampf längst nicht mehr das, was er einmal war. Reiten, Schwimmen, Fechten, Laufen, Schießen: seit 1996 alles an einem Tag. Vorher: bis zu vier Tage und damit viel zu lang für jede Übertragung. Schießen morgens um sieben. Seit 2009 gibt es am Schluss ein Combined Event nach dem Vorbild Biathlon (Laufen und Schießen). Wer als Erster ins Ziel kommt, hat tatsächlich auch gewonnen. Seit 2011 wird außerdem mit Laser geschossen und nicht mehr mit Kleinkaliber. Dadurch kann man die Zuschauer vor Ort näher heranholen und Austragungsorte wie beim Beachvolleyball anpeilen. Lena Schöneborn, 2008 Olympiasiegerin in Peking, sieht all das mit einem lachenden und einem weinenden Auge: »Es ist schon sehr spannend jetzt. Ich habe direktes Feedback, und jeder kann sehen, was sich verändert, wenn man danebenschießt. Das finden viele gut. Auf der anderen Seite stellt sich die Frage: Wie weit soll sich eine Sportart verbiegen, um medienwirksam zu sein?«[51] In London kam Titelverteidigerin Schöneborn auf Platz 15, und in Rio wollte ihr Pferd nicht springen. Warum wir uns daran erinnern? Weil so eine Olympiasiegerin in Deutschland ein »Glücksfall« für »so eine kleine Sportart« ist.[52]

Entscheidend is auf'm Platz

Was Helmut Schön am 7. Juli 1974 von seiner Bank sieht, dürfte ihm ziemlich normal vorgekommen sein. Nach dem Anstoß spielen die Niederländer 17 Pässe bis zum Foul an Johan Cruyff. 17 Pässe in 54 Sekunden. Einige gehen ein paar Schritte, bevor sie abspielen. Sie können gehen, tatsächlich. Die deutschen Spieler sind fast so weit weg wie ihr Trainer. 32 Sekunden nach dem Elfmeterpfiff läuft Johan Neeskens an, und noch einmal 30 Sekunden später gibt es schon wieder Anstoß. Franz Beckenbauer hat ein bisschen gemeckert. Das Foul war außerhalb des Strafraums, klar. Es gibt aber ohnehin nur eine Zeitlupe (für die Zeitgenossen von Helmut Schön: immerhin, eine Zeitlupe!) und keine Kamera, die sehen kann, was sich in den Gesichtern von Vogts, Hoeneß, Maier abspielt. Vermutlich spielt sich deshalb dort auch nichts ab. Paul Breitner braucht bei seinem Elfmeter ein bisschen länger (43 Sekunden), aber auch hier ist der Ball nach einer halben Minute wieder im Spiel. Kurz bevor alles vorbei ist, sieht der Fernsehzuschauer, wie Helmut Schön den Daumen nach oben reckt. Im

Sitzen. Um ihn herum ein Fotografenheer. Viereinhalb Minuten nach dem Abpfiff hat Franz Beckenbauer den Pokal.

Fußball ist in diesem Finale noch Fußball, weil das Fernsehen nur dabei sein will. Rudi Michel (West) und Heinz Florian Oertel (Ost) sagen uns, was wir sehen, und sprechen ansonsten über Münzen. Oder über Sekt, wie Michel ganz zum Schluss: »So. Und jetzt, meine Herren, können Sie langsam die Sachen entkorken. Die besseren Sachen. Und Sie, meine Damen, können mittrinken. Die nächsten Minuten gehören unserer Bildregie, gehören Kurt Meinicke und seinen sieben Kameras. Ich lasse Sie allein mit diesen Bildern.« Mit dem Fernsehen hat sich nicht nur der Jubel verändert. 1986 sinken zwei Argentinier sofort nach dem Schlusspfiff im Mittelkreis zu Boden. Zeit bis zur Pokalübergabe: zwölf Minuten. 2002 haben die Spieler schon fast 18 Minuten Zeit. Unvergessen die Bilder von Oliver Kahn neben dem Pfosten. Auch das Spiel hat sich verändert. Besser gesagt: Es ist verändert worden, von der FIFA vor allem, die die Regeln permanent nachjustiert. Alles für einen bildschirmgerechten Sport. Den Kampf gegen die Fernbedienung gewinnen und Fernsehkönig bleiben. Mehr Spannung, mehr Tempo, keine unschönen Bilder. Fausthiebe, tiefe Wunden, Ärzte auf dem Platz: Was sollen bloß die Frauen sagen? Also ran an die Regeln, mit Auswirkungen bis in die F-Jugend, auch wenn der Kern des Spiels nicht angetastet worden sein mag.[53] Dass nicht jede Idee funktioniert, zeigen die Beispiele Golden und Silver Goal sowie die Zeitstrafen, mit denen einst experimentiert wurde (Tabelle 2).

Tabelle 2: Regelanpassungen der FIFA (Auswahl)

TV-Merkmal	Regelanpassung	Einführung/Periode
Drama	Auswärtstorregel (UEFA-Wettbewerbe)	1969
	Elfmeterschießen	1970
	Rot: brutale Fouls	1983
	Rot: Verhinderung klarer Torchancen	1990
	Rot: Tor mit der Hand verhindern	1991
	Golden Goal	1996–2002
	Silver Goal	2002–2004
	Zeitstrafe (10 min)	1983 (Versuch; nur Deutschland)
Dynamik	Tausch von zu schweren Bällen	1960
	keine Blockade des Abschlags	1975
	Abseits neu: nur noch aktiv	1978, 1990 (gleiche Höhe)
	Torwart und Ball	1982 (4 Schritte), 1997 (6 s)
	Gelb: übertriebener Torjubel	1984, 2004 (Trikotausziehen)
	Nachspielzeit	1987
	Rückpassregel	1992 (Rückpass), 2000 (Einwurf)
	Halbzeitpause höchstens 15 min	1995
	keine Behandlung auf dem Platz	1996 (2016 aufgeweicht)
	Abseits: im Zweifel für den Stürmer	1996
	mehr Bälle und mehr Balljungen	1996
	Tor direkt nach dem Anstoß	1997
	Gelb: Spielverzögerung jeder Art	2006
	Anstoß nicht mehr nach vorn	2016
Visualisierung	Rote und gelbe Karten	1970
	Gelb-rote Karte	1990
	Zonen für Trainer und Offizielle	1993
	Linien vor dem Anstoß sichtbar	1999
	Werbung nur auf Trikots	2003

TV-Merkmal	Regelanpassung	Einführung/ Periode
Ästhetik	Spucken wird bestraft	1980, 1991: auch Versuche
	keine offenen Wunden	1991
	Rot für Fouls von hinten	1998
	Rot: Anstößiges, Unsportliches	2000
	Teamsocken in der gleichen Farbe	2009
Narrativität	Auswechslungen	1967 (1), 1969 (2), 1995 (3)
Personalisierung	Nummern auch auf den Hosen	1974
	Spielernamen auf dem Trikot	1992

Tabelle 2 täuscht etwas, da Doppelungen vermieden wurden. Die Coaching Zone etwa (1993 eingeführt) erlaubt Trainerkameras (Visualisierung) und so auch personalisierte Geschichten. Die Folgen lassen sich mit Hilfe der Übertragungen von den WM-Finals studieren. Alf Ramsey und Helmut Schön sind 1966 überhaupt nicht im Bild, und Rinus Michels ist es 1974 lediglich einmal. Schön wird nun mehrmals gezeigt – stets die Ruhe selbst, genau wie 1986 Franz Beckenbauer und Carlos Bilardo. 2002 und 2010 tanzen die Trainer dagegen am Rand, rufen, reden auf Einwechselspieler ein und begrüßen die Ausgewechselten. Seht her, wir vertragen uns, trotz alledem. Die Spieler lernen ähnlich schnell. 2002 und 2010 wird nach Toren eine Minute gejubelt und damit doppelt so lange wie 1966 und 1974; es beteiligen sich jetzt fast alle Spieler, und die Argentinier laufen schon 1986 stets zur Eckfahne, weil sie wissen, dass dort eine Kamera steht. Die FIFA hat reagiert, um die Dynamik zu erhalten und Werbeinteressen zu schützen. Gelb, wenn zu sehr gejubelt wird, Gelb für jeden freien Oberkörper.

Entscheidend is auf'm Platz, soll Alfred Preißler gesagt haben. Das Spiel ist schneller geworden (wenn der Ball läuft), langsamer (wenn er ruht) und ästhetischer (ganz generell). Regel ist Regel, vor allem wenn sie von der FIFA kommt. Punkt eins: die Ballkontaktzeiten. Im WM-Finale von 1966 im Schnitt 2,6 Sekunden. 1974 in den ersten 54 Sekunden 17 Pässe. Durchschnitt 1986: 1,77 Sekunden, 2002: 1,25, 2010: 1,06. Der gleiche Trend findet sich in europäischen Spitzenspielen: von knapp zwei Sekunden Anfang der 1990er Jahre auf wenig mehr als eine Sekunde. 1,2 bei Bayern gegen Inter 2010, 1,17 bei Schalke gegen ManU 2011, 1,22 bei Bayern gegen Chelsea 2012. Punkt zwei: die Fouls. 51 (!) und 44 in den WM-Endspielen zwischen der Bundesrepublik und Argentinien. Mit den Augen von heute wirkt das Spiel von 1986 wie ein Bolzplatzkick: ein elendes Gestocher und von Eleganz keine Spur, trotz Maradona. Irgendwie purzelt der Ball fünfmal ins Tor. Dagegen das Halbfinale gegen Spanien 2010. Das muss man hier gar nicht beschreiben. Fouls: 15. Punkt drei: Pässe. Anfang der 1990er Jahre 200, maximal 300 in Vereinsspielen auf Topniveau. Heute leicht doppelt so viele. Und viel mehr Doppelpässe. Stafetten, Eleganz, Tempo. So muss Fernsehfußball sein. Deshalb dauert es vor Eckbällen, Freistößen, Elfmetern heute auch so lange. Es könnte ja ein Tor fallen, und wir sind noch beim Pullern.[54]

Verteidiger, Verfolger und Exoten

In Stephanie Heineckes Dissertation über die Medialisierung des Spitzensports steht der Fußball als »Verteidiger«.[55] Starke Fernsehpräsenz, das Wesen unverändert. Bewegung in Richtung Medienlogik nur, um den Erfolg zu bewahren. Die Torlinientechnik: Was war das für ein Drama. Undenkbar im Eishockey, im Basketball (Buzzer Beater!) oder im Feldhockey, wo nicht nur die Spieler einen Videobeweis fordern können, sondern auch die Schiedsrichter. Der Fußball muss nicht. Die Einschaltquote stimmt auch so. Auch der 100-Meter-Lauf ist bei Heinecke so ein Verteidiger. Mehr Medienlogik geht gar nicht. Zehn Sekunden und jeder weiß, wer gewonnen hat (meistens jedenfalls). Personalisierung pur. Einfach, nachvollziehbar. Jeder ist schon mal gelaufen. Superlative. Die schnellste Frau der Welt, der schnellste Mann. Nur eine einzige Regel ist hier geändert worden: Seit 2010 ist man bei einem Fehlstart sofort draußen. Noch mehr Spannung, noch mehr Drama – wie bei der WM 2011 in Daegu, Südkorea, wo Usain Bolt im Finale disqualifiziert wurde.

Ob es noch mehr von diesen Verteidigern gibt? Sportarten, die sich nicht an das Fernsehen anpassen müssen, weil sie ohnehin schon (fast) perfekte Übertragungen produzieren? Stephanie Heinecke denkt über Tennis nach und über die Tour de France, über Profiboxen, über Nationalsportarten wie Basketball und über die Formel 1. Das muss hier nicht ausdiskutiert werden. Als die Aufschläge im Tennis in den 1990er Jahren immer schneller wurden und die Returns immer härter, verlangsamte man die Beläge und experimentierte mit Bällen und Schlägern.[56] Der Basketball verschärft fast im Jahrestakt seine Shot-Clock-Regeln, verschiebt die Markierungen auf dem Feld (Drei-Punkte-Linie, No-Charge-Halbkreis) und verlangt in Deutschland von den Bundesligisten in jeder Hinsicht fernsehgerechte Arenen.[57] Und die Tour, die ja wie die anderen großen Radrundfahrten (Giro d'Italia, Vuelta a España, Internationale

Friedensfahrt) von der Presse gegründet wurde und schon deshalb von Anfang an medialisiert war? Hat inzwischen noch am vorletzten Tag eine Hochgebirgsankunft. 2013 mussten die Fahrer den Anstieg nach Alpe d'Huez zweimal nehmen, 21 sagenumwobene Kehren, mehr als 1000 Höhenmeter auf knapp 14 Kilometern. Legende hin und her. Zweimal nacheinander gab es das vorher noch nie.

Beachvolleyball und Moderner Fünfkampf sind bei Stephanie Heinecke »Verfolger«. Die Akteure wissen, was das Fernsehen verlangt, und handeln entsprechend, wenn auch nicht immer mit Erfolg. Die Zählweise ändern, den Ball vergrößern, die Platten blau färben (Tischtennis). Den Videobeweis erlauben. Bei Heinecke gehört auch Biathlon in diesen Topf, weil sich dieser Sport fast neu erfinden musste, um die Herzen der Fernsehzuschauer zu erobern.[58] Und dann gibt es »Spezialisten«. Man könnte auch sagen: Exoten. Sportarten, die das Fernsehen nicht wirklich brauchen. Dressurreiten zum Beispiel. Vielleicht auch Segeln, Golf oder Schießen. Sportarten, die ohnehin nicht nach dem Massenpublikum des Fernsehens schielen müssen und ihre Sponsoren ganz ohne Streuverluste da finden, wo die Wettkämpfe stattfinden. Geld, das zum Geld kommt.

Das Dressurreiten hat die Kür mit Musik erfunden (seit 1996 im olympischen Programm), sonst aber fast alles so gelassen, wie es war. Wirklich nachvollziehbar ist das Ganze für den Laien ohnehin nicht. Selbst bei diesem »Spezialisten« aber sorgt sich der Verband um die Medien. Seit 2010 gibt es Seminare für junge Journalisten – weil Dressurreiten komplex ist, weil die alten Redakteure langsam in Ruhestand gehen, die in der Ära Helmut Schön ganz selbstverständlich auch über Pferde berichtet haben, weil Dressur zum Frauensport wird und so kein Standing mehr hat in männerdominierten Redaktionen. Außerdem vergibt der Verband einen Medienpreis, den goldenen Steigbügel. Jeweils 1 500 Euro für die besten beiden Beiträge.[59] Kaum eine Berufsgruppe kann so viele Preise gewinnen wie die Journalisten. Verfolger und Exoten gibt es nicht nur im Sport. Und wer nicht mit Vorzensur arbeiten kann oder Watschen verteilen, der zahlt eben für die Gunst der Medien.

4 MEDIALISIERUNG II
WIE UNSERE WELT MEDIENREALITÄT WIRD

IN DER SCHULE, IM BÜRO, IN DER PARTEI: GUT AUSSEHEN UND GUT RÜBERKOMMEN

Dass die Fußballbundesliga sonntags spielt und neuerdings sogar hin und wieder auch am Montag? So what. Spitzensport war schon immer ein Event, für die Zuschauer im Stadion oder in der Halle und jetzt eben für die Menschen daheim am Bildschirm.[1] Dass deshalb Regeln geändert werden und ein anderer Menschenschlag gewinnt? Ein Problem, ja, aber eigentlich nur für die, die Nachteile haben, weil sie nicht so gut aussehen, weil sie nicht mit den Medien können oder wollen und weil sie morgens vielleicht besser drauf sind als zur besten Sendezeit am Abend. Der Gesellschaft kann es sogar fast egal sein, dass der Profifußball Fernsehprogramme und Printmedien kolonialisiert und Reporter zu Handlangern macht. Auch hier nichts gegen Kritik und öffentliche Kontrolle, natürlich. Die Bundesliga kostet den Steuerzahler jede Menge Geld und ist auch sonst weit mehr als ein billiges Wochenendvergnügen. Identitätsanker, Lieferant von Vorbildern und Idolen, Testfeld für Werte.[2] Trotzdem: Dass dieses Milliardenunternehmen sendefertige Produkte liefert, den Sportjournalismus knebelt und sogar immer wieder laut überlegt, auch Zeitungsreporter zur Kasse zu bitten, wenn sie aus dem Stadion berichten,[3] ist weit weniger dramatisch als die Medialisierung anderer sozialer Funktionssysteme und vielleicht auch als die Veränderungen, die wir im Alltag erleben, weil wir uns dem Imperativ der Aufmerksamkeit beugen, obwohl wir weder mit unserem runden Geburtstag in die Presse wollen noch mit der nigelnagelneuen (und superteuren) Einbauküche.

Kapitel 3 steht in diesem Buch als Appetitmacher und als Augenöffner. An den Beispielen Spitzensport und Profifußball lässt sich zeigen, wie die Abhängigkeit von der öffentlichen Wahrnehmung die Welt verändert. Sportler, Trainer und Funktionäre wissen um den Einfluss des Mediensystems, passen sich deshalb an seine Handlungslogik an und unternehmen auch sonst alles, damit die Berichterstattung den eigenen Interessen dient. Eine Watschen von Sepp Maier, ein Rüffel von Markus Hörwick, ein Tipp von ganz oben, den der Redakteur schon deshalb nicht für sich behalten kann, weil niemand sonst diesen Tipp bekommen hat. Geld und Personal in die PR-Abteilung, Termine, Regeln und Modus so, wie das Fernsehen sie braucht. Ohne positive Resonanz in der Öffentlichkeit kein Spitzensport. Die deutschen Profiradfahrer kennen diese Formel spätestens seit Jan Ullrich, Lance Armstrong und Marco Pantani.

Öffentliche Aufmerksamkeit und öffentliche Legitimation sind allerdings nichts, was nur der Spitzensport braucht. Stuttgart 21. Volkswagen. Studiengebühren. Über Erfolg und Misserfolg von Großvorhaben, von Unternehmen und Karrieren, von Veranstaltungen, politischen Ideen und wissenschaftlichen Projekten wird auch in der Arena der Massenmedien entschieden. Wer irgendwo Verantwortung trägt und etwas zu entscheiden hat, muss mit Medienberichten rechnen und wird deshalb versuchen, diese entweder zu unterbinden oder so zu steuern, dass sie eher helfen als zerstören. Öffentliche Präsenz als Beweis, etwas geleistet zu haben. Öffentliche Präsenz als Ersatz für Leistung. Im Sport holt irgendjemand Medaillen und Pokale, immer. Was passiert aber mit einer Wissenschaft, die sich der Selektionslogik der Massenmedien unterwirft? Was wird aus dem Theater, was aus der Religion, was aus der Politik? Dieses Buch sieht Medialisierung als doppelte Bedrohung – als Gefahr für den Journalismus, der Potjomkinsche Dörfer findet und keine Ressourcen mehr hat, um hinter die Fassaden zu blicken, und als Gefahr für die Gesellschaft, weil auch die anderen sozialen Funktionssysteme nicht mehr das leisten, was sie leisten sollen.

»Wie kommt einer so weit?«, wollte Roman Deininger, Autor der *Süddeutschen Zeitung*, im Sommer 2016 in einem Markus-Söder-Porträt wissen. »Schon auch, weil er einen größeren Unterhaltungswert hat als die meisten, die ihn verspotten.« Söder, promovierter Jurist und Anfang der 1990er Jahre Volontär und Redakteur beim *Bayerischen Rundfunk*, denke in Bildern und in Schlagzeilen, »oft in kreativer Abstimmung mit der *Bild-Zeitung*«. Ein Verkäufer, der oft »zu dick« auftrage, ein Erzähler, »fast schon amerikanisch im Stil«, ein kleiner Landesminister (2016) als »große Provokation – eine neue, alte Figur des bayerischen Welttheaters, das seit jeher in ganz Deutschland die Zuschauer fesselt«. Markus Söder, inzwischen ganz oben angekommen in Bayern. »Politik ist Kommunikation, heute mehr als je zuvor«, schreibt Roman Deininger nach einem halben Jahr an

Söders Seite. »Aber wenn alle kommunizieren würden wie Markus Söder: Was bliebe da von der Politik übrig?«[4]

Kapitel 3 ist auch deshalb Appetitmacher und Augenöffner, weil diese Frage hier mit den gleichen Indikatoren beantwortet wird: Spitzenpersonal, Reputationszuweisung und Positionsvergabe, Regeln, Öffentlichkeitsarbeit und Medientraining, Veranstaltungen und Bühnen. Wie im Spitzensport hängt der Grad der Medialisierung dabei auch in den anderen sozialen Funktionssystemen davon ab, wie groß der Bedarf an öffentlicher Aufmerksamkeit und öffentlicher Legitimation ist. Spezialisten oder Exoten wie das Dressurreiten gibt es überall – zum Beispiel die Symphoniker, das kleinste Orchester in München, das sich keine Pressestelle leistet, weil die Konkurrenz in der Stadt so groß ist, dass ohnehin keine Zeitung berichten würde, und weil es auch keine Stars gibt, die man interviewen lassen könnte. Investiert wird stattdessen lieber in Fotos für den Jahresbericht. Die Abo-Konzerte sind trotzdem voll und Schließungsdebatten ausgestanden. Glaubt man den Münchner Musikjournalisten, dann tun die Philharmoniker, sozusagen am anderen Ende der Tabelle, ebenfalls viel zu wenig für die Presse, an diesem Weltklasseorchester aber führt so oder so kein Weg vorbei.[5]

Auch so einen FC Bayern gibt es überall. Patricia Ott hat das Personalmarketing von drei Münchener Dax-Konzernen verglichen: BMW, Siemens und Allianz. Firmeneigene Recruiting-Events, Bewerbermessen, die Karriereseiten auf *Facebook*. Ergebnis eins: Strahlkraft. Maximale Aufmerksamkeit für das Unternehmen: Darum geht es. Dafür werden die Ressourcen gebündelt. Lieber ein Megaereignis als 30 kleine Auftritte wie noch vor 15 oder 20 Jahren. »Möglichst hochkarätig und exklusiv«, sagt ein Allianz-Vertreter. Ein Topmanager zur Begrüßung,

Prominente, Vier-Gänge-Menü, ein ungewöhnliches Rahmenprogramm. Ergebnis zwei: »Je größer die Not, desto mehr Medienlogik.« Zu BMW will jeder. Der FC Bayern der Münchener Wirtschaft. Siemens? Geht so. Und die Allianz? Will »die Besten der Besten«, wie alle anderen, selbst im Bereich IT, aber »die gehen jetzt lieber zu Apple oder Google, weil das cooler ist«. Auf *Facebook* postet die Allianz deshalb nicht nur mehr als die beiden Konkurrenten, sondern auch Dinge, die gar nichts mit dem Talentemarkt zu tun haben. Irgendwie ran an die Jugend. BMW dagegen muss sich nicht einmal selbst überlegen, an welche Universitäten man geht, sondern wartet einfach die Anfragen ab. Auch die eigenen Veranstaltungen sind eher »bodenständig«. Mal ein Fußballturnier, mal Kaffeebars. »BMW hat im Allgemeinen keine Probleme, passende Leute zu rekrutieren.«[6]

Münchner Symphoniker und Münchner Philharmoniker, BMW, Siemens und die Allianz: Unsere Welt medialisiert sich, aber nicht überall im gleichen Maße und im gleichen Tempo. Es gibt immer noch Theater und Gerichte, die keinen PR-Profi bezahlen, sondern das einen Schauspieler oder eine Anwältin im Nebenjob erledigen lassen und sich auch sonst kaum darum scheren, was über sie berichtet wird. Es gibt immer noch Schüler, die in einem Betonbunker sitzen, so unterrichtet werden wie Mama und Opi und keine Ahnung haben, was ein Superlehrer sein soll. Und es gibt immer noch Politikerinnen, Manager und Professorinnen, die kein Medientraining bekommen und auch sonst besser nicht im Fernsehen auftreten. Dieses Kapitel vernachlässigt solche Differenzierungen, weil es für einen Trend sensibilisieren will: Unsere Welt und die Medienrealität unterscheiden sich immer weniger. Unsere Welt wird auch da Medienrealität, wo wir Politik bräuchten, Wahrheit, Erholung, Liebe. Parteien, Verwaltungen, Unternehmen und Schulen, Kultur- und Freizeiteinrichtungen, Universitäten, Gerichte und selbst die katholische Kirche glauben so sehr an die Macht der Massenmedien, dass sie buchstäblich alles tun, um die Handlungslogik dieses Systems zu bedienen. Dabei vernachlässigen sie das, was eigentlich ihr Job wäre, und erschweren so zugleich den der Journalisten.

PR: Personal, Ressourcen und Bewusstsein

Erster Gewinner ist die Öffentlichkeitsarbeit, ein Berufsfeld, das boomt. Auch wenn niemand genau weiß, wie viele Menschen im Moment im »PR-Kerngeschäft« ihr Brot verdienen, zeigen die Pfeile in allen einschlägigen Statistiken nach oben: mehr Pressestellen, mehr Mitglieder in den Berufsverbänden, mehr Agenturen. In der Literatur wird schon für die Zeit vor und nach der Wiedervereinigung von großer Nachfrage auf dem Arbeitsmarkt berichtet. Gab es Anfang der 1990er Jahre etwa 10 000 Öffentlichkeitsarbeiter in Deutschland, schätzen manche Experten heute eher das Fünffache,[7] wobei unklar ist, ob da schon die vielen neuen Jobs im Bereich der sozialen Medien mitgezählt sind oder die mehr als 100 Agenturen und Verlage, die sich zum Beispiel im Content Marketing Forum zusammengeschlossen haben, einem Verband für Mediendienstleister, gegründet 1999. Mitgliederjahresumsatz 2015: knapp sieben Milliarden Euro.

Der Boom betrifft keineswegs nur die Wirtschaft oder Verwaltungen. Beispiel politische Parteien: Patrick Donges hat für Deutschland, Österreich, die Schweiz und Großbritannien gezeigt, wie der Kommunikationsbereich seit den 1980er Jahren immer weiter ausgebaut und differenziert worden ist. Mehr Leute und mehr Geld. Spezialisten, die mehr zu sagen haben, eher gehört werden und kein »Anhängsel« der »eigentlichen« Politik mehr sind. Ein Extrem sind die Schweizer Sozialdemokraten, die zunächst nicht einmal einen Pressesprecher hatten und die Abteilung dann in weniger als einem Jahrzehnt von 1,6 auf 6,1 Stellen aufstockten (von 1996/97 bis 2004/05). »Als ich anfing, hat man die Medienmitteilungen nur an die Medien verschickt, nicht einmal an die eigene Geschäftsleitung und die Kantonalparteien«, sagt Guido Schommer, der 1995 Praktikant im Generalsekretariat der Schweizer FDP wurde und 1997 dort dann Pressechef. »Die wussten im Prinzip erst am nächsten Tag aus den Zeitungen, was die FDP kommuniziert hat. Das ist heute eine irrwitzige Vorstellung, aber so war damals das Verständnis. Das Ansehen der Kommunikation war sehr niedrig, es gab auch wenig strategische Aufmerksamkeit für diese Funktion.« Und heute? »Heute wird Kommunikation immer, bei allem, was man tut, schon mitgedacht und mitberücksichtigt.« Dazu gehören längst ein Corporate Design mit Logo und klare Regeln für die Kommunikation nach außen. Wer spricht wann worüber, und wer muss vorher noch gefragt werden?[8]

Das Berufsfeld Öffentlichkeitsarbeit ist nicht nur gewachsen, sondern auch besser geworden. Professioneller. PR-Chef wird nicht mehr der Praktikant oder jemand, den man sonst nirgendwo gebrauchen kann. Über 90 Prozent der Pressesprecher haben einen Hochschulabschluss, und die meisten waren in ihrem Arbeitsleben entweder nie etwas anderes oder vorher im Journalismus.[9] Eingekauft wird heute vor allem Know-how für die Kommunikationskanäle im Internet. Digital Natives, die wissen, wie *Facebook*, *Twitter* und *WhatsApp*, *Instagram* und *Snapchat* funktionieren und sich damit eine Laufbahn aufbauen. Und es werden Journalisten abgeworben, immer noch. Das Forschungsmagazin *Einsichten* etwa, das die Ludwig-Maximilians-Universität München (LMU) herausgibt, wird von Martin Thurau betreut, der Wissenschaftsredakteur bei der *Süddeutschen Zeitung* war. Markus Söder hat im März 2015 Michael Backhaus angeheuert, vorher Vize bei der *Bild am Sonntag* und Chefredakteur der *Passauer Neuen Presse*. Und Steffen Seibert, seit 2010 Sprecher der Merkel-Kabinette und damit auch Herr über mehr als 400 Mitarbeiter im Presse- und Informationsamt der Bundesregierung,[10] hat das *heute journal* im ZDF moderiert.

Nur damit das nicht untergeht: Mehr als 400 Menschen, die nichts anderes machen, als die Welt darüber zu informieren, was Angela Merkel und ihre Minister so tun. Mehr als 400 Menschen, die Nachrichten produzieren, Dossiers, zitierfähige Sätze und die sich auch sonst in jeder Hinsicht darum kümmern, dass Politik und Politiker gut dastehen da draußen. Dazu die Presseleute der Ministerien, der Parteien, der Abgeordneten. Söders Backhaus. Selbst wenn nicht jeder Politikredakteur und jede Berliner Korrespondentin wahrhaben will, dass die Perser kommen: Es geht ihnen nicht viel besser als den 300 Spartanern des Leonidas, damals an den Thermopylen.

Der Blick in die Geschichte der Öffentlichkeitsarbeit führt wieder zum FC Bayern München. Markus Hörwick, 1983 erster hauptamtlicher Pressechef der Bundesliga, war unter anderem bei der *Bild-Zeitung*. Ein Einzelkämpfer, der mit den klassischen Medien konnte. Interviews arrangieren und autorisieren, Gerüchte lancieren und dementieren, Reporter mit Exklusivnachrichten belohnen. Jobprofil: das Image des Vereins pflegen. Hörwicks Nachfolger Stefan Mennerich, im Sommer 2016 installiert, ist Diplom-Kaufmann und leitet die »Direktion Medien, Digital und Kommunikation«, zu der vier Abteilungen gehören. Hörwick hat das *Bayern Magazin* entwickelt, Mennerich alle Onlineangebote des Klubs. Die Webseite, das Vereinsfernsehen, die *Facebook*-Präsenzen. Posts in zwölf Sprachen für Follower auf der ganzen Welt, am besten mit einem Link in den Bayern-Shop. Jobprofil: den Verein verkaufen, vorbei am Journalismus, direkt an die Fans. Exklusivnachrichten zuerst auf der FC-Bayern-Seite im Internet. Dort auch die besten Fotos und spektakuläre Filme. Mennerich sitzt weder im Stadion neben dem Trainer noch bei den Pressekonferenzen. Es heißt, er stehe nicht gern in der Öffentlichkeit. Die Fragerunden moderiert jetzt Dieter Nickles, den man bei *ran* gesehen haben könnte (Sat.1), beim DSF, im Bezahlfernsehen und seit 2012 auf fcb.tv.[11] Die Abteilung Public Affairs leitet seit 2015 Christopher Keil, der in den 1990er Jahren in der *Süddeutschen* über die Bayern berichtete, dort später unter anderem die Medienseite leitete und dann als Investigativreporter bekannt wurde.[12] Die Bayern-Basketballer hatten schon zwei Jahre vorher *SZ*-Sportredakteur Andreas Burkert eingekauft.

Die Aufrüstung der Pressestellen, ihre Aufwertung über Klingelschilder (Stabsstelle! Direktion!), das Können und die Netzwerke ihrer Mitarbeiter: alles nicht zu unterschätzen. Journalisten bekommen Material, das sofort veröffentlicht werden kann, und Interviewpartner, die wissen, was sie zu sagen haben. Journalisten werden abgelenkt, auf Nebenkriegsschauplätze geschickt oder umworben, mit dem Charme der Ex-Kollegin, mit kleinen Annehmlichkeiten, mit der Aussicht auf einen lukrativen Job. Und Journalisten werden ausgebootet, weil die neuen

Öffentlichkeitsarbeiter direkt mit ihren Stakeholdern kommunizieren, über das Internet, über eigene Zeitschriften und manchmal sogar über eigene Fernsehprogramme (Red Bull: *Servus TV*). Mindestens genauso wichtig ist aber das, was sich jenseits der Pressestellen vollzieht. Der Siegeszug des PR-Bewusstseins, manchmal sanft über den Arbeitsvertrag forciert (Nicht mit den Medien reden! Nichts ohne Abstimmung rausgeben!), oft aber eine Selbstverständlichkeit, weil wir alle dem Imperativ der Aufmerksamkeit verfallen. PR-Bewusstsein heißt: Mitarbeiterinnen und Mitarbeiter verinnerlichen, wie wichtig das ist, was die Massenmedien über ihre Firma, ihre Behörde, ihr Geschäft berichten, und werden deshalb selbst zu Öffentlichkeitsarbeitern, freiwillig, ohne Bezahlung.

Früher hätten die Professoren jeden Medienauftritt ihrer Kollegen »argwöhnisch« beobachtet, sagt Luise Dirscherl, an der LMU in München Leiterin der Stabsstelle Kommunikation & Presse, im April 2014 bei einem Podiumsgespräch über die »Beziehungsspiele« zwischen Universität und Journalismus. Heute dagegen gehöre es zum Selbstbild der meisten Wissenschaftler, auch Kommunikator zu sein. Manchmal fehle es noch am Verständnis für die Medienlogik, aber dafür sei eine Pressestelle schließlich da.[13] Fragt man Entscheider an deutschen Universitäten nach dem Einfluss der PR, erntet man Kopfschütteln. Bei uns doch nicht.[14] Dabei klebt an jedem Drittmittel-Euro ein PR-Kuckuck. Förderprogramme werden mit Blick auf die Medien konzipiert, und Antragsteller müssen vorab erklären, wie sie ihre Ergebnisse in die Öffentlichkeit bringen werden.

Die Exzellenzinitiative ist die Inkarnation der Medienlogik: ein Wettbewerb mit Siegern und Verlierern, über den es die Wissenschaft sogar in die Regionalpresse schafft.[15] Mehr als zwei Drittel der Klimaforscher haben regelmäßig mit Journalisten zu tun. Die meisten sind bereit, sich dabei anzupassen. Fast 20 Prozent sagen sogar, dass Medieninteresse bei der Themenwahl wichtig sei. Vermutlich ist das bei Mathematikern nicht ganz so ausgeprägt, ganz generell aber haben vor allem angehende Professoren den Wert von Medienpräsenz verinnerlicht.[16] Selbst Fachzeitschriften, Taktgeber der Scientific Community, wo Peers anonym entscheiden, was als gute Wissenschaft gelten darf, buhlen um öffentliche Aufmerksamkeit. Die Kommunikationswissenschaft etwa, die nach der Wirkung von Medienangeboten fragt, wird auch deshalb von psychologischen Ansätzen dominiert, weil Journalisten diese Studien immer wieder herausgreifen. Jennings Bryant, ein Pionier dieser Forschungsrichtung, sagte in einem Interview, dass entsprechende Aufsätze deshalb auch dann publiziert worden seien, wenn die Reviewer dagegen waren.[17]

PR-Bewusstsein heißt nicht nur, auf Journalisten zuzugehen, sondern auch, negativen Berichten vorzubeugen. »Die Schule legt viel Wert auf ihre Außenwirkung«, sagt eine bayerische Referendarin, die kurz vor dem zweiten Staatsexamen steht, als Lisa Hasenbein sie für ihre Abschlussarbeit befragt. »Als einzelner Lehrer hat man es zum Beispiel schwer, mit disziplinarischen Maßnahmen durchzugreifen. Das würde der Schule einen strengen und nicht besonders netten Ruf verschaffen. Das will die Schulleitung vermeiden.«[18] Das PR-Bewusstsein ihrer Vorgesetzten verändert die Programme, nach denen das soziale Funktionssystem Erziehung arbeitet – mit Folgen für die Bildung der Schüler.

Bei der Bundeswehr ist es gar nicht so einfach, zwischen offiziellen PR-Einrichtungen und PR-Bewusstsein zu unterscheiden. Seit die Wehrpflicht 2011 ausgesetzt wurde, ist Imagepflege gewissermaßen erste Soldatenpflicht. Folgen: mehr Geld für die Werbung (2015: 35 Mio. Euro) und mehr Leute im Presse- und Informationsstab (1963: 8, 2015: 46). 2013 ein Studiengang »Management und Medien« an der Bundeswehruniversität in München und eine »Redaktion der Bundeswehr«, die wie ein Medienunternehmen arbeitet und mehr als 100 Angestellte hat (davon sieben für die sozialen Medien, Stand Juni 2015). Ein *YouTube*-Kanal, Anfang 2014 schon mit knapp 30 Millionen Aufrufen.[19] Seit Dezember 2014 ein Zentrum Informationsarbeit mit 230 Mitarbeitern. 2015 der erste »Tag der Bundeswehr«. Armee zum Anfassen, am 11. Juni 2016 an 16 Standorten zwischen Warnemünde und Neuburg an der Donau. In Berlin ist das »Fenster zur Bundeswehr« seit Dezember 2014 durchgehend offen: im »Showroom« direkt am Bahnhof Friedrichstraße, mit einem »authentischen Typ« hinter der Theke, der bei den Flaneuren »Lust« wecken soll, vielleicht auf einen Jugendoffizier, den jeder einladen kann, in die Schule, ins Seminar. Lebende Litfaßsäulen, studiert, im Ausland oder Vorgesetzter gewesen. Menschen, die am Zentrum Informationsarbeit lernen, nicht »Drehflügler« zu sagen, sondern Hubschrauber. Nur schießen zu können, reicht heute nicht einmal mehr für den einfachen Soldaten. »Es gibt an sich kaum etwas, wo man sich nicht vorstellen könnte, auf Medien zu treffen«, sagt Paul Georg Weber, Oberstleutnant im Ruhestand und vorher unter anderem Presseoffizier in Afghanistan. »Man kann ja heutzutage Echtzeitberichterstattung von nahezu jedem Punkt der Welt generieren. Darauf müssen wir uns einstellen.«[20]

Verwaltungsregel Nummer eins: Gut dastehen in den Medien

Was Kjersti Thorbjørnsrud und Tine Ustad Figenschou 2011 in zwei norwegischen Behörden beobachtet haben (im Justizministerium und in der Einwanderungsdirektion), geht weit über PR-Bewusstsein hinaus. Was in Oslo abläuft, hat vor allem wenig mit dem Ideal zu tun, über das sich öffentliche Verwaltungen legitimieren. Korrekt soll es dort zugehen, genau und gerecht. Jeder wird gleichbehandelt – von Experten, die abstrakten Regeln folgen und zwar eine komplizierte Sprache sprechen, sich dafür aber nicht drehen im politischen Wind und außerdem stets wissen, welcher Fall wie dringlich ist. Das war einmal, vielleicht. In den zwei Monaten jedenfalls, in denen Thorbjørnsrud und Figenschou dabei waren, drehte sich in beiden Häusern alles um die Performance in den Massenmedien – vom Arbeitsrhythmus über die Sprache bis hin zu konkreten Entscheidungen.

Dass der PR-Chef durch die Abteilungen streift auf der Suche nach Material, das er den Journalisten schicken kann, mag dabei noch angehen. Das ist sein Job. Auch dass der Sprecher des Ministeriums sagt, man habe in den Nachrichten zu erscheinen (»if we don't, we don't exist, this is reality«), gehört zum Stellenprofil. In den beiden norwegischen Behörden werden aber auch die gesamte interne Organisation, die Arbeitsabläufe und die Entscheidungen am Kriterium öffentliche Aufmerksamkeit und öffentliche Legitimation ausgerichtet. Ein Referent, am besten im Original, weil jede Übersetzung irgendwie verfälscht: »I never thought it would be like this to be a civil servant. I'm not a neutral expert. I am promoting the politics of the cabinet minister to the press.«

Am Anfang stehen Medienanfragen. Ruft eine Journalistin an, hat der entsprechende Fall sofort oberste Priorität. Und schnell muss es gehen. Der Redaktionsschluss. Damit aber nicht genug: Beide Behörden versuchen, sich auf solche Anfragen vorzubereiten. Das heißt: Sie wollen schon etwas in der Hand haben, wenn das Telefon klingelt, und dem Anruf am besten sogar zuvorkommen. Selbst die Agenda bestimmen, mit positiven Meldungen. Thorbjørnsrud und Figenschou sprechen von »Mediengläubigkeit«. Wichtig ist, was in den Medien ist. Nick Couldrys Mythos vom medialisierten Zentrum.[21] Wenn gut über uns berichtet wird, dann hilft das der Behörde und damit auch uns selbst. Dann leisten wir gute Arbeit. Ein guter Bericht sagt: Der Laden läuft. Das Geld reicht, und jeder weiß, was er zu tun hat. Wenn es dagegen heiße, die Zahl der Asylbewerber sei zu hoch und alles dauere außerdem viel zu lang, dann sei das kein Spaß, sagt ein Abteilungsleiter. »That is not a very good situation to work in, because then we do not get the message out: that we are rational and well-run, and that we fulfill the aims of the politicians and the budget.«

Loyalität zur Organisation, sagen die beiden Forscherinnen aus Norwegen, ist heute in Bürokratien wichtiger als Neutralität und damit als das, was wir Bürger eigentlich von einer Verwaltung erwarten. Deshalb werden Journalisten auch von Experten, Beratern und Referenten bedient, die nicht in der Presseabteilung arbeiten. Deshalb werden Ressourcen umgeleitet in Verfahren, über die die Öffentlichkeit diskutiert. Deshalb werden solche »Medienfälle« nicht nur priorisiert, sondern im Zweifel auch anders entschieden. Keine schlechte Presse, bitte. Keine Kritik in den Medien. Die Medialisierung hat in den beiden norwegischen Behörden auch die Sprache erreicht – nicht nur im Umgang mit den Journalisten (Konflikte! Gesichter! Gefühle!), sondern auch in anderen Texten. Gewünscht sind eine klare Botschaft, ein Teaser und eine Wortwahl, die den Mann und die Frau auf der Straße nicht überfordert.[22]

Auch wenn es solche feinen Beobachtungsstudien zum Beispiel für Deutschland noch nicht gibt: Norwegen ist überall – zumindest überall da, wo Medienunternehmen dem Imperativ der Aufmerksamkeit gehorchen und nicht der Politik oder irgendeinem Oberlehrer. Angela Merkel und das Flüchtlingsmädchen Reem. Schon vergessen? Tränen im Gesicht der Palästinenserin, im Juli 2015 in Rostock, als die Kanzlerin noch sagte, Deutschland könne nicht jeden aufnehmen. Das Medienecho: nun ja. Später war Reem Gast im Kanzleramt, und ihre Familie durfte bleiben. Wir schaffen das.

Von Rostock und Berlin nach Bayern, wo ich im Dezember 2014 vor Verwaltungsspitzen über Medialisierung sprechen durfte, Norwegen inklusive. Ein Generalstaatsanwalt war da, Präsidenten (Autobahndirektion, Schlösserverwaltung, Polizei), Ministerialdirigentinnen. Tenor: alles richtig. Dieser Druck, der von den Massenmedien ausgeht. Meldungen, die Unruhe auslösen und oft falsch sind, zum Teil zumindest. Diese ständige Ungewissheit: Was werden sie heute rauspicken? An vernünftiges Arbeiten sei da kaum noch zu denken. Aber sich wehren? Journalisten einfach Journalisten sein lassen und drei Tage warten, bis die Nachricht sich versendet hat und die nächste Behörde durchs Dorf getrieben wird? Undenkbar. Schon deshalb, weil der Druck ja von noch weiter oben komme. Vom Ministerpräsidenten, von den Ministern. Das größte Unverständnis gab es bei den Söder-Leuten. Ein toller Chef. Der tue was für seine Leute. Wie das? Größer sei das Medienecho nie gewesen. Ergo: Besser haben wir nie dagestanden.

Richter haben es da besser. Ohne Unabhängigkeit keine Wahrheit kein Rechtsfrieden, sagt die Theorie. Spezielle Orte (oft in Gebäuden, die so gewaltig sind, dass sie jeden Zweifel ersticken), spezielle Sprache, spezielle Kleidung: Nichts soll darauf hindeuten, dass persönliche Vorlieben eine Rolle spielen. Und doch: Auch Richtern darf die Medienöffentlichkeit nicht mehr egal sein, seit das Bundesverwaltungsgericht 1997 die »ausreichende Publizität der Rechtsprechung« eingefordert hat.[23] Es gibt jetzt an jedem Gericht einen Pressesprecher: eine Richterin oder ein Richter. Am Oberlandesgericht München Andrea Titz, die zu 75 Prozent den Journalisten gehört. Richter und Staatsanwälte bekommen Medientraining. Manche haben die Logik der Breaking News so verinnerlicht, dass sie nach dem Urteil eine Pause einbauen und die Begründung erst liefern, wenn die Reporter die Meldung über das Strafmaß draußen haben. Medieninteresse und Prominenz führen dazu, dass Fälle nicht vor das Amtsgericht kommen, sondern in die nächste Instanz. Manchmal reicht dafür der Anruf einer Journalistin. Als Annette Ramelsberger (*Süddeutsche Zeitung*) wissen wollte, warum die Anklage gegen rechte Straftäter so lange auf sich warten lasse, ging der Fall an das Landgericht. Andrea Titz blockt auch Anfragen zum Privatleben der Richter nicht kategorisch ab. »Es ist nachvollziehbar, dass man da ein bisschen mehr als die dürren Fakten haben möchte.« Die Journalisten müssten schließlich oft ein »Konglomerat« an Artikeln produzieren. Auch bei den Richtern selbst ist die Botschaft angekommen. Anders ist kaum zu erklären, dass bei großen Verfahren inzwischen eine Art persönliches Vorwort üblich geworden zu sein scheint – mit Kritik an der öffentlichen Diskussion wie beim Hoeneß-Prozess oder an der Vorverurteilung des Täters im Verfahren um den Tod der Studentin Tuğe in Darmstadt.

Superlehrer, Superschule, supergeil

Die Medienlogik infiltriert keineswegs nur die Regeln und Programme von öffentlichen Verwaltungen und Gerichtsverfahren. Im Sommer 2015 machte *The Brain of Olching* Schlagzeilen: eine Wissenschaftsmesse in einem oberbayerischen Gymnasium, inszeniert wie die Castingshow *The Voice of Germany*. Mit Jury, Coaching durch Mentoren, Challenges und Battles. Dafür gab es den Deutschen Lehrerpreis in der Kategorie »Unterricht innovativ«. Begründung: Das Konzept sei »unterhaltsam und anschaulich«. Olching ist keine Ausnahme, sondern setzt nur das besonders gut um, was von den Schulen verlangt wird. Spannend soll es sein, Spaß machen und die Jungs und Mädchen fesseln. Vorbei die Zeit, in der es »einfach nur« darum ging, »den Schülern Stoff beizubringen«, sagt ein Direktor, den Lisa Hasenbein für ihre Bachelor-Arbeit befragt hat. Visualisierungen, Spannungsaufbau, personalisierte und emotionale Ansprache. Nicht im Fernsehen, sondern im Klassenzimmer.[24]

Die CSU hat schon Anfang der 1980er Jahre festgestellt, dass die Schule gegen die Medien verlieren werde – weil sie fordernd sei und langweilig, weil sie Bedingungen stelle, weil Bildschirme und Diskotheken den jungen Leuten jede Ruhe nehmen würden, um Vokabeln zu pauken, Romane zu lesen und Formeln zu büffeln. 30 Jahre später ist zumindest das, was in Ministerien und in der Lehrerausbildung als guter Unterricht durchgeht, nicht mehr so weit weg von Fernbedienung und Touchscreen. Die Referendarin, die nicht zu streng sein darf, damit die Eltern nicht zur Zeitung laufen: »Es wird verlangt, dass man ständig Medienwechsel drin hat im Stundenaufbau und ständig die Methoden wechselt. Dass man die Schüler einfach aufmerksam und bei der Stange hält und sie einem nicht wegbrechen.« Sie habe das Gefühl, eine Art »Alleinunterhalterin« zu sein. »Und noch ein Film und noch eine superanimierte Powerpoint-Präsentation.« Und der Direktor: »Früher hat man gesagt: Rein in die Birne. Das darf man heute nicht mehr.« Es weiß zwar keiner, ob Edutainment wirklich sinnvoll ist, die Schule aber beugt sich einem Druck, der sowohl von innen kommt (von den Schülerinnen und Schülern) als auch von außen. Es gebe Eltern, die wollen, »dass ihr Kind möglichst wenig tangiert« werde von dem Anspruch, »dass es was lernen soll«, sagt ein Schulberater. »Die haben es gern unterhaltsam.«

Schulen haben zwar noch keine Pressestellen, aber immer öfter ein Profil. Eine Art Corporate Identity, zu der ein Tag der offenen Tür gehört, eine Webpräsenz, ein Logo, manchmal sogar ein Kugelschreiber mit Aufdruck und auf jeden Fall ein dickes, durchgestyltes Buch zum Schuljahresende, das über Projekttage und Wettbewerbe berichtet, über Gäste, Arbeitskreise und Technik, über exklusive Angebote. »Das ist alles Teil einer Marketingstrategie«, sagt der Direktor. »Wir arbeiten einfach an diesen Alleinstellungsmerkmalen. Das ist verdammt wichtig.« Wer einen eigenen Koch im Haus habe und keinen Caterer ordern müsse, der würde einen Teufel tun, das nicht auch laut zu sagen. In dieses Klima passt das Buch *Superlehrer, Superschule, supergeil* von Dirk Stötzer, veröffentlicht 2015. Untertitel: *Der beste Beruf der Welt.*[25] Stötzer, der in Berlin Lehrer war und sich mit einem *YouTube*-Musikvideo in die Pension verabschiedet hatte, sagt: Die Persönlichkeit ist alles. Die Persönlichkeit des Lehrers. Stimme, Frisur, Kleidung. Die Aura. Wie jemand vor der Klasse steht: Darauf kommt es an und nicht auf irgendwelche Methoden und Didaktik-Tricks. Den Schülern signalisieren: Ich weiß mehr als ihr. Von mir könnt ihr was lernen. Etwas darstellen und einen tollen Auftritt hinlegen: Das ist Medienlogik in Reinkultur.

Fußballschuhe im Flagship-Store, die Taiga in München

Diese Logik bestimmt auch, was wir kaufen können, wo und wie wir das tun und was das Wochenende bringt. »Ein Schuh ist ein Schuh ist ein Schuh«, sagt Markus Matjeschk in einer Studie über die Fußballschuhe von Adidas. »Oder doch nicht?« Natürlich nicht, längst nicht mehr. Matjeschk hat das Modell Predator untersucht, auf dem Markt seit 1994. Der Trend bei diesem Schuh, der zunächst schwarz war und sehr schlicht: immer greller, immer individueller, immer mehr Branding. Wer heute einen Predator kauft, kann nicht nur Modell und Farbe wählen und seine Daten über einen Chip in die sozialen Medien pusten, sondern den Schuh auch personalisieren, per Schriftzug, links anders als rechts.[26]

In München stehen die bunten Schuhe im riesigen Schaufenster des »Brand Concept Store« in der Sendlinger Straße wie Trophäen auf Podesten. 500 Quadratmeter Verkaufsfläche, drei Etagen, eröffnet 2013. Von einem Architekten so gestaltet, dass es nur eine Botschaft gibt: Hol dir diese Schuhe und den ganzen Rest, und du wirst so erfolgreich sein wie Thomas Müller oder Andy Murray. Diesen Laden kann man eigentlich gar nicht Laden nennen. Heute baut man Flagship-Stores. Spektakulär, ein Erlebnis. Überhaupt: Gebäude. Die Elbphilharmonie in Hamburg. Die Siemenszentrale in München, eröffnet im Sommer 2016. Ein »Prachtbau«, sagt die *Süddeutsche Zeitung*. »Eine weltoffene Stätte der Begegnung«, sagt Konzernchef Joe Kaeser. Ein Symbol für das, wo Siemens herkommt und wofür man stehen will.[27] Der Konzern reitet die Welle: Auch die Konkurrenten »stecken immer mehr Geld in ihre Hauptverwaltungen«.[28] Die Schulen sind nicht mehr grau und auch nicht mehr alle irgendwie gleich. Die Schwimmbäder rüsten bei den Rutschen auf, bei den Sprungtürmen und bei den Whirlpools, um das Baden einmalig und auch sonst in jeder Hinsicht wunderbar zu machen.[29] Und selbst Studentenwohnheime gewinnen heute Architektenpreise.[30]

Wie es früher im Zoo war, dürften nur noch die Älteren wissen. Ein bisschen wie in der alten Schule. Schlafende Raubtiere auf Betonboden hinter Gitterstäben aus Metall, womöglich leicht rostig. Der Eisbär im Wassergraben oder auf den Steinen dahinter. Käfig an Käfig, mit Schildern, die in Latein und Deutsch sagten, wer da liegt oder grast, vielleicht mit einer Weltkarte und einem roten Punkt. Dort lebt das Zebra sonst. Der Zoo war ein Museum. Tiere zeigen, die wir sonst nie zu Gesicht bekommen würden, Ordnung herstellen im Artenreich, dazu auch forschen. Natur präsentieren, für Bildung sorgen. Seit den 1990ern immer wichtiger: Arten schützen und erhalten. Für dieses Thema sensibilisieren.

Nicht alles, was sich in den Zoos verändert hat, lässt sich auf die Medienlogik zurückführen. Heute waren wir einfach schon überall. Bei den Löwen, bei den Zebras und manchmal sogar bei den Eisbären. Heute wissen wir besser, was Tieren guttut. Beton und Gitter eher nicht. Heute sind wir verwöhnt vom Fernsehen, von Zeitlupen in höchster Auflösung, von Nahaufnahmen. Luise Heuser war in Hellabrunn, im Tiergarten Nürnberg, im Sealife München und im Wildpark Poing (um möglichst die ganze Bandbreite abzudecken, von klein bis groß, von kommerziell bis traditionell) und hat sehr viel Medienlogik gefunden. Fütterungen mit Kommentar, direkt von der Pflegerin, die Fische verteilt oder Fleisch und dabei ins Mikro spricht. Bei den Humboldtpinguinen in Nürnberg eine lustige Show mit einer Geschichte, die gleich noch über den Humboldtstrom informiert. Poing bietet etwas Ähnliches für Greifvögel, und Hellabrunn hat für diese Tiere seit 2013 eine eigene Tribüne. Die Nürnberger Affen kann man »hinter den Kulissen« erleben. Bei Sealife heißt das »Backstage-Führung«. Etwas sehen, was man so noch nicht gesehen hat. Nicht mal in Afrika.

Das gilt längst auch für die Gehege, die inzwischen oft die eigentliche Attraktion sind. Spektakulär die Taiga-Landschaft, in der Hellabrunn seit 2010 Eisbären präsentiert. Fichten und Birken, Felsblöcke aus Naturstein, ein Wasserfall. Nürnberg hat seit 2011 am Eingang das Manatihaus (Motto: Den Tropen ganz nah), wo Fauna, Flora und Deko die Illusion fast perfekt machen, und in der Delfinlagune einen »blauen Salon«, wo man abends mit der Firma feiern kann, mit den Kolleginnen oder mit der Familie, »exklusiv«, versteht sich. Die Schilder erzählen heute Geschichten, die Rundgänge haben einen roten Faden und die Tiere Namen. Und wo sie zu weit weg sind oder in einem Versteck, gibt es Kameras und Bildschirme. Manche Tiere werden zu Stars wie in Nürnberg 2008 das Eisbärenbaby Flocke, über das Pressesprecherin Nicola Mögel zu ihrem Job kam. Durch den Hype sei klar gewesen, dass das Thema von den Medien weiter »gespielt« werde und der Tiergarten deshalb »professionelle Unterstützung« brauche. Bis dahin hatte die Stadt das einfach mit erledigt.

Dass die Zoos selbst in die Medien drängen: geschenkt. Zoosendungen im öffentlich-rechtlichen Fernsehen, niedliche Tiere auf *Facebook*, die *Tiergarten Zeitung*, die seit 2010 zweimal im Jahr in den *Nürnberger Nachrichten* liegt und in der *Nürnberger Zeitung*: Werbung für den guten Zweck und nichts, was Zoos nicht machen sollten. Der Imperativ der Aufmerksamkeit greift aber auch in Abläufe und Entscheidungen ein, die den Kern des Zoogeschäfts betreffen. Beispiel Flocke: Der Tiergarten selbst war zunächst strikt gegen jede Handaufzucht. Dann fragte nicht nur die *Bild-Zeitung*: »Warum sind Sie so herzlos, Herr Zoodirektor?« Nicola Mögel sagt heute, dass die Menschen nicht eingegriffen hätten, wenn es »eine rein tiergärtnerische Entscheidung« gewesen wäre. Das habe die Öffentlichkeit aber nicht toleriert. Ganz ähnlich lief es in Poing bei den Greifvögeln. Die Haltung in kleinen Volieren sei »eigentlich korrekt« gewesen, sagt Julia Gräfin Maltzan, die dort Tierärztin ist. Schließlich würden die Tiere jeden Tag frei fliegen. Die Besucher habe das aber gestört. »Es sieht für sie traurig und grausam aus.« Ergebnis: ein großes Rondell.[31]

Festivals, Premierenflut und Helmut Markwort als Tod

Nicht nur der Besuch im Zoo wird zum Event. Wir können uns vor Events gar nicht mehr retten. Und die Veranstaltungen, die es schon immer gab, werden anders. Die ganzen Tage hatten wir schon. Tag der Bundeswehr, Tag der offenen Tür, nicht nur in der Schule, sondern gefühlt bald überall. Auch die Nächte sind nicht mehr sicher. Die Nacht der Wissenschaften, die Nacht der Gastronomen, die Nacht in Blau (wie sonst?), die lange Nacht der Museen, die lange Nacht der Musik, die längste Nacht der Münchner Clubs. Immer noch einen draufsetzen. Die Hochkultur hält mit Festivals dagegen, mit Uraufführungen, mit Double und Triple Features, mit Prominenz und mit Kopien. Aus Roman wird Film wird Theaterstück wird Musical wird Hörstück. Maria Karidis »Folgebericht« aus der Medienrealität. Was einmal geklickt wurde, wird weitererzählt, immer weiter. Hollywood macht das schon länger so.

Nicht nur im Kino war nie so viel Festival wie heute. Drei Filme an einem Tag sehen. Acht Bands am Stück, mit einem Ticket. Promis gucken. Dabei garantiert nicht alleine sein. Man müsse dem Kinogänger heute »schon ein bisschen was bieten«, sagt Matthias Helwig, der das Fünf-Seen-Festival leitet (rund um Starnberg, Start 2007) und seit 30 Jahren Programmkinos betreibt. Bei seinem Festival wird deshalb auch auf einem Dampfer gespielt. Dass man dabei mit Machern sprechen kann, versteht sich fast von selbst. Helwig: »Es ist tragisch, aber du musst aus jedem Film fast ein Event machen. Und wenn die Leute alle nur noch auf Events gehen, fällt der Alltag immer mehr ab.« Deshalb das Festival? Auch, ja. Es sei »inzwischen die Regel«, dass sich ein Kino »sehr, sehr viel einfallen lassen« müsse. »Dann macht man halt eine lateinamerikanische oder eine afrikanische Woche. Anders kommt man nicht in die Wahrnehmung.« Helwig weiß, dass es mit einer Schauspielerin zum Anfassen nicht getan ist. Große Namen müssen her. »Da hole ich einen Regisseur, der kommt extra aus der Schweiz gefahren, und denke mir: Was für eine Besonderheit. Und die Zeitung schreibt noch nicht mal eine Zeile.« 2008 war deshalb Kameramann Michael Ballhaus da, dreimal für den Oscar nominiert. Und seit 2012 gibt es in Starnberg einen »Special Guest«. Martina Gedeck, Corinna Harfouch, Karl Markovics. »Jedes Jahr vor dem Festival kommt die Zeitung und fragt: Was ist denn neu? Ich hasse das. Warum denn etwas Neues? Ich meine, da zeige ich Filme, die sind gut, die kommen aus verschiedenen Ländern, Punkt. Aber natürlich darf ich so nicht antworten. Natürlich muss ich sagen: Neu ist dieses und jenes. Das ist die Gesellschaft. Neu.«[32]

Neu: Das ist der perfekte Übergang. Die Zahl der Filmstarts in Deutschland steigt. 1980: 343, 2012: 584. Mehr Rezensionen, mehr Abwechslung. Der Anstieg beginnt dabei erst 2002, in einem Zeitraum, in dem die Zahl der Kinos und der Leinwände zurückgegangen ist. Auch die Theater erhöhen die Schlagzahl. Mehr Premieren, überhaupt mehr Inszenierungen. Im Residenztheater München weniger als 30 pro Jahr zwischen 1988 und 1998 und jetzt mehr als 40. Entweder etwas bieten, was jeder kennt und liebt, oder etwas, was es so noch nicht gab. Musiktheater im Schauspiel zum Beispiel. Auftragswerke. Laien auf der Bühne. Neonazis, Hartzer, Ultras. Jimmy Hartwig, einst selbst Profifußballer, in *Spiel ohne Ball* von Albert Ostermaier. Helmut Markwort als Tod im *Jedermann* in Frankfurt am Main. Den Imperativ der Aufmerksamkeit mitdenken. Am Residenztheater überlege man bei jeder Inszenierung, »was daran besonders oder spezifisch ist«, sagt Pressesprecherin Sabine Rüter. Das könne das Stück sein, der Regisseur, die Besetzung oder das Thema, aber auch das »Zusammenspiel von verschiedenen Inszenierungen«.[33] Hauptsache, man hat etwas zu erzählen. Die Inszenierungen werden außerdem kürzer (im Residenztheater in der Spielzeit 2013/14 im Schnitt ziemlich genau zwei Stunden; nur drei mit mehr als drei Stunden), haben seltener eine Pause und setzen Medien ein, Videos vor allem. Die »Sehgewohnheiten« des Publikums, sagt Stefan Meißner, Vorsitzender der »Freunde des Residenztheaters«. Und Chefdramaturg Sebastian Huber: Opulenz für kleines Geld.

Parteitage, Personal, Manager und Papst: Schönheit statt Chaos

Parteitage sind eine andere Hausnummer als Theaterinszenierungen, Ladykino oder der Tag des offenen Affenkäfigs. Parteitage stehen in der Satzung der Partei und sollen alles regeln, was es zu regeln gibt: Spitzenpersonal, Finanzen, Politik. Diskutieren, wo es hingehen soll in der nächsten Zeit, und dann entscheiden. Hahnenkämpfe, sich beschimpfen und wieder versöhnen, mit dem Austritt drohen, die Geschäftsordnung anrufen und die Rivalen mit einer Kampfabstimmung düpieren: Liegt alles in der Natur der Sache, sollte man meinen. So erzählen es jedenfalls die Geschichtsbücher, und so ähnlich war es wohl auch 1980 bei den Grünen in Saarbrücken auf der ersten Bundesversammlung nach der Parteigründung. Die Redezeiten nicht begrenzt, damit tatsächlich alle Argumente auf den Tisch kommen können. Ein komplexes Regelwerk für die Diskussion. Überall Topfpflanzen. Dafür keine Deko, keine Stellwände für Interviews, kein Slogan. Auf alten Fotos sieht man junge Menschen mit langen Haaren, Stirnbändern und komischen Pullovern, man sieht, wie diese Menschen mit Farbstiften Transparente bemalen und das Podium stürmen. Chaos. Auf einem Parteitag.

Heute sind diese Veranstaltungen auch bei den Grünen so, wie es die Journalisten brauchen. Auf dem Weg von Saarbrücken in die medialisierte Welt gibt es zwei Einschnitte: das Ausscheiden aus dem Bundestag 1991 und der Eintritt in die Bundesregierung 1998. Nach dem Scheitern an der Fünf-Prozent-Hürde kommt eine neue Geschäftsordnung, die vorschreibt, Konflikte zunächst intern zu lösen, und die Parteiprominenz bittet, ihren Medienbonus nicht zu nutzen. Wenn nicht gewählt wird, soll es künftig nur noch einen Parteitag im Jahr geben. Ziel: die Medienaufmerksamkeit bündeln. Aus dem gleichen Grund werden zwei Pressereferate gegründet, Jahresbudget jeweils 170 000 Mark.

Bei der Bundesversammlung in Neumünster, wo man sich 1991 zum Wundenlecken trifft, dominieren auf dem Podium aber immer noch Pullover und verzierte Tuniken. Im Saal wird gestrickt. Immerhin: Es gibt jetzt eine straffe Tagesordnung, deutlich weniger Tumulte als zum Beispiel in Saarbrücken, einen Pressebereich, 14 Büros für Journalisten und Transparente mit einem einheitlichen Slogan: ökologisch, sozial, basisdemokratisch, gewaltfrei. 1998 in Bonn haben dann Pressemappen Premiere. Plakate und Transparente werden nicht mehr gebastelt, sondern gedruckt. Vor allem aber wird die Regie straffer. Fünf Minuten Redezeit, Punkt. Ein Plan, wer wann spricht und wann diskutiert werden darf. Ein Briefing für die Mitglieder, weil in den Medien über grüne Minister spekuliert wird. Im Präsidium Anzüge und Kostüme, und auch unten im Saal bürgerliche Ordnung.

Bei der Bundesversammlung 2009 in Rostock erscheint von den Stars nur Hans-Christian Ströbele im Rollkragenpulli. Es gibt minutengenaue Vorgaben für Rede und Gegenrede. Aus und vorbei mit der Basisdemokratie. Die Parteispitze ist in der Rednerliste gesetzt, und freie Sprechplätze werden ausgelost. Die Partei lädt gezielt Journalisten ein und übernimmt zum Teil Hotel- und Fahrtkosten. Für Medientrainings gibt es inzwischen ein Budget. Eine Delegierte oben auf dem Podium, einfach so? Gar eine Menschentraube? Geht nicht mehr. Die besten Plätze hat man für Reporter reserviert, und auch sonst sind Halle und Ablauf ganz auf die Bedürfnisse der Medien zugeschnitten. Videoleinwände, das Podium gut ausgeleuchtet, die Stufen nach oben wie bei einer Fernsehshow. Und eine einheitliche Dekoration: Grün macht Zukunft.[34] Im November 2008 schießen die Parteipromis grüne Fußbälle in den Saal. Volltreffer: Die *Süddeutsche Zeitung* macht am nächsten Tag genau das zu ihrem Aufmacher.[35]

Die Orientierung an der Medienlogik verändert auch das politische Alltagsgeschäft, Auftritte in der Öffentlichkeit und das Personal. Katarina Bader hat für Polen gezeigt, dass die Dauerbeobachtung durch Journalisten und der Aktualitätsdruck (Was sagen Sie jetzt, Herr Minister?) dazu führen, dass Parteien und Regierungen nur noch von extrem kleinen Kreisen geleitet werden – um Geschlossenheit demonstrieren und im Ernstfall (es wird berichtet) schnell reagieren zu können.[36] In Deutschland werden die Sätze der Chefs in Parteitagsreden kürzer – zwischen 1950 und 2011 um acht Wörter, hat Daria Gordeeva für SPD und CDU ermittelt. Außerdem sagt Angela Merkel deutlich häufiger »wir« und »unser« als Konrad Adenauer.[37]

Politiker sind heute außerdem schöner als früher, zumindest in Bayern, wo Anna Rabe alle Landtagsabgeordneten von CSU und SPD aus der Wahlperiode 1970 bis 1974 mit der Besetzung verglichen hat, die 2013 gewählt wurde. Die Idee hinter dieser Studie: Schönheit liegt eben nicht im Auge des Betrachters. In Wirklichkeit weichen wir gar nicht so sehr voneinander ab, wenn wir Attraktivität beurteilen sollen. Anna Rabe hat alte und neue Fotos so bearbeitet, dass nicht mehr zu erkennen war, aus welcher Zeit sie stammen, und dann jedes Bild 20 Juroren vorgelegt, mit einer Skala von 1 bis 5. Die CSU hat sich seit den 1970er Jahren um 0,3 Punkte verbessert (von 2,31 auf 2,61) und die SPD sogar um 0,36 Punkte (von 2,30 auf 2,66). Entweder schicken die Parteien heute von vornherein Kandidatinnen und Kandidaten ins Rennen, die besser aussehen, oder die Abgeordneten tun mehr für ihr Erscheinungsbild.[38]

Auch in der Wirtschaft weiß man, dass es (wahrscheinlich immer mehr) auf das Aussehen ankommt. Bei Managern heißt das Schlagwort Personality-PR – all das, was getan wird, um eine Persönlichkeit in der Öffentlichkeit zu inszenieren und zu positionieren.[39] In der Medienrealität regieren nicht mehr Daten und Fakten. Der Mensch ist gefragt. Charisma. CEOs haben deshalb heute PR-Berater und Kontakt zu Journalisten. »Die Verweilzeiten der Topmanager werden immer kürzer«, sagt ein PR-Fachmann, den Simone Maier befragt hat. Deshalb sei es wichtig, in den Medien präsent zu sein. »Dann entsteht der Eindruck: Von dem haben wir schon mal was gehört. Dann ist die Entscheidung, mit ihm was zu machen oder ihn zu einem Vorstellungsgespräch einzuladen, viel wahrscheinlicher.«[40] Ratgeber für die Selbstvermarktung schlagen in die gleiche Kerbe. Bekannt werden, am besten bei den Entscheidern, bei denen, die die Wirtschaftsteile lesen und die Branchenmagazine. Erzähle kurze Geschichten über dich selbst. Emotional, spannend, angenehm. Tu was für dein Erscheinungsbild. Der PR-Fachmann: »Wenn ein Manager aussieht wie ein Opi: Den bringen die Medien nicht. Aber schon einen, der gut aussieht, sauber rasiert und braun gebrannt.« In der Forschung ist mittlerweile belegt, dass ein hübsches Gesicht des CEO (seine Position auf einem Attraktivitätsindex) den Shareholder-Value hebt.[41]

Armin Petras, 2013 am Schauspiel Stuttgart zum Intendanten gemacht und damit auch zum Manager, weiß eigentlich, wie das medialisierte Theater tickt. Neue Schauspieler, eine Premiere nach der anderen, Uraufführungen, eigene Stücke (unter dem Pseudonym Fritz Kater). Ungewöhnliches. Ein Pollesch im Autokino, beispielsweise. Oder Geflüchtete auf der Bühne. In drei Jahren zwei Einladungen zum Berliner Theatertreffen, eine Art Theater-Oscar. Und sie haben in Stuttgart schnell gegrummelt. Warum? Adrienne Braun in der *Süddeutschen Zeitung*: Petras verschanze sich hinter all seinen Projekten. Sei einfach nicht präsent in der Stadt. Kein Intendant zum Anfassen, kein Gesicht.[42] Armin Petras als Figur, die sich nicht in der Öffentlichkeit präsentiert: So wurde es bei allem Ruhm als Regisseur und Autor schwer, den Vertrag zu erfüllen, der bis 2021 lief und von Petras dann zum Sommer 2018 gekündigt wurde.

Die römisch-katholische Kirche hat ihren Spitzenmann schon 2013 ausgetauscht. Ein emeritierter Papst: Allein das war Breaking News. Und dann erst die Neuwahl. Alles so noch nicht dagewesen. Ein Lateinamerikaner, in Rekordzeit. Im Medienrhythmus. Und kurz danach war das öffentlich, was der Neue vor den Kardinälen gesagt hat. Bisher immer streng geheim.[43] Wo Franziskus wohnt, was er tut und was er sagt: Geschichten über Geschichten. Mediengeschichten, im Herzen der größten Kirche des Christentums. Geschichten, die tatsächlich so in den Medien ankommen, wie diese Kirche es wünscht. Zumindest im ersten Amtsjahr (weiter reicht die Inhaltsanalyse von Christian Klenk nicht) berichten die Journalisten »viel und durchweg positiv«.[44] Oder durch die Brille der Zeitschrift *Christ in der Gegenwart*: »Medien, die sonst beißenden Spott über eine ewiggestrige katholische Kirche gießen, erheben Franziskus zum Sinnstifter.«[45]

5 MEDIALISIERUNG III
WIE WIR SELBST MEDIENREALITÄT WERDEN

KOCHEN, FEIERN, URLAUB MACHEN: ALLES FÜR DIE SHOW

Dieses Kapitel handelt von unseren Sonntagen, von unseren Kindern, unseren Festen und unseren Reisen, von unserer Wohnung und unseren Partnern, von der Kneipe nebenan und von dem, was dort auf den Tisch kommt. Von Dingen also, über die die Massenmedien normalerweise nicht berichten, jedenfalls nicht groß und schon gar nicht regelmäßig. Manche Lokalseiten führen immer noch Buch über Geburten, Sterbefälle und runde Geburtstage (70 plus), und hin und wieder passiert es sogar, dass jemand von uns schon vorher für eine Pressefotografin posiert. Einen riesigen Fisch geangelt, eine unglaubliche Gurke im Garten, 30 Jahre im Sportverein. Das war auch bei unseren Großeltern so, fünfmal im Leben vielleicht. Die Artikel wurden ausgeschnitten und durften mit den Fotos im Album vergilben.

Was neu ist: Medienangebote, die dem Imperativ der Aufmerksamkeit folgen und die uns prägen, weil sie überall sind. Nicht mehr nur bei Opa auf dem Frühstückstisch, bei Mama und

Papa in der Schrankwand, im Kinderzimmer und im Auto, sondern buchstäblich in jeder Hand- und Hosentasche. Man kann von einer Art Gewöhnungseffekt sprechen wie der US-amerikanische Soziologe David Altheide, der meint, dass wir das Konstruktionsprinzip der Medienrealität allein schon durch die Zeit, die wir mit diesen Angeboten verbringen, als »normale Form« der Kommunikation verinnerlichen.[1] Wie lange sprechen wir mit der Nachbarin, mit der Kollegin, mit dem Ehepartner? Und wie lange sehen wir jeden Tag fern? Folgt man Altheide, dann haben sich mit der Medienlogik nicht nur die sozialen Funktionssysteme verändert, die in den Kapiteln 3 und 4 behandelt wurden. Spitzensport, Politik und Wirtschaft, Erziehung, Kunst, Religion. Nein: Der Imperativ der Aufmerksamkeit regiert uns auch selbst. Dieser Imperativ bestimmt, wie wir miteinander umgehen und wie wir uns daheim bewegen, wie wir unsere Kinder nennen und wie wir sie dann erziehen, wie wir feiern, ausgehen und in den Urlaub fahren.

Wer der Brücke Gewöhnungseffekt nicht traut, die David Altheide baut, der frage sich, woher wir unsere Ideen nehmen. Woher wissen wir, wie die perfekte Hochzeit aussieht, das perfekte Date, der perfekte Feierabend? Eltern, Nachbarn, Freunde, schon klar. Viel mehr Menschen und vor allem ganz andere Menschen gibt es im Fernsehen, auf den Bühnen, im Internet. In der Theorie sozialer Vergleichsprozesse von Leon Festinger ist das ein Bedürfnis: Wir wollen wissen, was unsere Fähigkeiten wert sind und ob wir uns richtig verhalten. Deshalb sind wir gierig nach Menschen. Beobachten, vergleichen, einordnen. Den eigenen Platz bestimmen.[2] Lernen. Was geht immer, was geht gerade so, was geht überhaupt nicht? Wenn die Massenmedien unser wichtigstes Lehrbuch sind und wenn dieses Lehrbuch heute eine Welt präsentiert, die spektakulär ist, einmalig und das glatte Gegenteil von Langeweile, dann muss das Folgen haben für unser Bewertungssystem und damit für unseren Alltag. Ted, Barney und Robin Scherbatsky in *How I Met Your Mother*: Was für ein Leben. Allein schon das Stammlokal. Unter dem mag man es fortan nicht mehr haben. Wer auch diese Brücke für wacklig hält, der gehe zu Mark Zuckerberg und Friends. Der Fisch, die Gurke, die Bestzeit. Persönlich, emotional und originell, mit Bild, versteht sich. Nicht fünfmal im Leben, sondern jeden verdammten Tag.

Dieses Kapitel zeigt, dass deshalb inzwischen auch da Medienrealität ist, wo nie ein Reporter hinkommt. Dass wir selbst so werden (wollen), wie die Medienrealität schon ist. Dass wir glauben, sonst nicht konkurrenzfähig zu sein, und dass wir selbst nicht wirklich wissen, warum wir uns den ganzen Stress machen. Bei unseren Großeltern blieb das Private privat und das Intime intim – außer bei denen, die als Personen des öffentlichen Lebens durchgingen und so mit dem Strukturwandel der Öffentlichkeit fast zwangsläufig Gegenstand der Berichterstattung wurden.[3] Oma und Opa sind zum 70. in das ›gute‹ Restaurant gegenüber gegangen, wie jedes Jahr, mit denen, die auch sonst immer dabei waren. Nach dem Kuchen die Flasche auf den Tisch. Prost. Wieder ein Jahr älter geworden.

»Gesellschaftliche Inklusion der Vollperson«: Das ist bei Niklas Luhmann die Funktion des Systems Familie.[4] Auf Deutsch: In der Familie sind wir ganz bei uns. Nur hier. Nicht reduziert auf eine Rolle: als Wähler, als Studentin, als Kunde, als Angeklagter, als Journalistin. Was immer uns draußen passiert sein mag, in der Politik und in der Uni, im Supermarkt, vor Gericht, in der Redaktion: Die Familie wird sich alles anhören (wirklich alles), sie wird verstehen und am Ende verzeihen. Der Schoß, in den wir immer zurückkönnen. In der Sprache Luhmanns: Liebe versus Nicht-Liebe, das ist hier die Frage (oder der binäre Code). Dieses Buch ist nicht der Ort, um über die (angreifbaren) Details dieses systemtheoretischen Konstrukts zu streiten. Man könnte einwenden, dass die Familie mehr leistet. Die Menschheit am Leben halten, den Nachwuchs vorbereiten auf das, was ihn erwartet, ihm einen Platz in der Hierarchie zuweisen und so die Machtverhältnisse fortschreiben.[5] Alles richtig, aber nichts davon passiert nur in der Familie. Die Systemtheoretiker sagen: Angenommen-Sein, das macht die Familie aus. Das ist etwas, was kein anderes soziales Funktionssystem leistet.

Niklas Luhmann beschreibt, wie die Liebe mit zunehmender gesellschaftlicher Komplexität »von all den Fremdfunktionen« entlastet wurde, »die sie mit sich trug«.[6] Die Macht sichern, die Firma, die Moral, das Recht. All das entfällt. Liebe wird zur Passion und zum Fundament der Familie oder, ganz unromantisch und US-amerikanisch, »companionship«. Ein Paar, in welcher Kombination auch immer, sozial verklammert »auf der Basis der Sexualität«, stets bereit, etwas zusammen zu tun. Luhmann: »Es kommt nicht darauf an, was, sondern nur darauf, dass man etwas gemeinsam unternimmt.«[7] Gemeinsam: Das ist hier das Schlüsselwort. Die Liebe hat für Niklas Luhmann etwas Maßloses, etwas, was die Gesellschaft überfordern würde, wenn es keine »Systemtrennungen« gäbe. Der Verlobte, der akzeptiert, dass sich sein Schatz auf das Examen vorbereiten muss, der Ehemann, der beim Vorgesetzten seiner Frau nicht auf Beförderung drängt, weil es eh keine Bessere geben kann. Die Liebe werde außerdem (und hier wird es für die Medialisierungsforschung interessant) »als privat, als intim, wenn nicht geheim«

definiert, um »ihre Maßlosigkeit auf das gesellschaftlich Mögliche zurückzuschneiden«. Luhmann geht es dabei nicht nur um Sexualität, sondern auch um unsere Angst vor Überforderung. Um das, was zwischen Wunsch und Realität liegt. »Auch hier erfüllen die Gardinen der Privatheit ihre Funktion: Sie erlauben zunächst zu verbergen, dass man sich liebt – und später, dass man sich nicht mehr liebt.«[8]

Luhmanns Buch *Liebe als Passion* ist 1982 erschienen,[9] vor den drei Medienrevolutionen, die die »Gardinen der Privatheit« aufgezogen und uns auch sonst in jeder Hinsicht verändert haben. Das beginnt schon mit den Namen. 2015 in Deutschland 1 000 neue Einträge im Register. In Worten: eintausend Namen, die es so noch nicht gab. Gabriele Rodríguez, die an der Universität Leipzig zu diesem Thema forscht und immer dann ins Spiel kommt, wenn die Standesämter ratlos sind, preist die »kulturelle Vielfalt in unserem Land« und fast noch mehr die »sehr große Offenheit der Behörden«. Vor 20 Jahren seien die Regeln viel strenger gewesen.[10] Hallo Unicorn, hallo Yipsi. Warum nicht. Muss ja nicht jeder Maximilian heißen oder Sophie. Wobei: Die Top Ten der deutschen Babynamen sind zwar ziemlich stabil, trotzdem sagen aber immer weniger Eltern Mia, Emma, Ben und Jonas. Die Namensvielfalt steigt. 2015 gab es knapp 40 000 Vornamen nur ein einziges Mal. Rapunzel, klar. Das kann man nicht toppen. Nivea (ein Mädchen), Kiliman, Erling, Flow.[11] Suchmaschinenoptimierung. Jeder Thomas Müller hat es schwer im Google-Zeitalter. In dieses Bild passt, dass eine Schweizer Firma Eltern den perfekten Kindernamen anbietet. Einmalig, nicht negativ besetzt und (auf Wunsch) sogar mit einem Narrativ verbunden. Marc Hauser, der mit Produktnamen angefangen hat: »Wir erfinden keine Märchen im Stil der Gebrüder Grimm, aber wir denken uns eine mögliche Entstehungsgeschichte aus. Jeder Name ist irgendwann mal erfunden worden oder hat sich über die Zeit etabliert. Wie und wann, ist gar nicht so wichtig. Im Grunde geht es nur darum zu wissen, wie es gewesen sein könnte.« Medialisierung auch da, wo es intimer nicht sein könnte. Auffallen, sich abheben, anders sein. Kostenpunkt übrigens: 28 000 Schweizer Franken.[12]

Natürlich: Es gibt einfach Menschen, die nicht wissen, wohin mit ihrem Geld. Warum nicht ab damit in die Schweiz, einen Vornamen kaufen. Der Wohlstand ganz generell. Vieles von dem, was gleich beschrieben wird, war für Oma und Opa einfach nicht erschwinglich. Dann die Kinderzahl. 1964: mehr als 1,35 Millionen Geburten in beiden deutschen Ländern. 2012 rund die Hälfte (674 000).[13] Jeder kennt Jungs und Mädchen, die zu Weihnachten von vier Großeltern beschenkt werden, und jeder kennt Großeltern, die ihre Wundertüten über einem einzigen Enkelkind ausschütten. Dieses Kind wird auf einen Arbeitsmarkt kommen, der ganz anders ist als das, was die Generationen davor erlebt haben. Weniger Sicherheit, mehr Mitbewerber – genau wie auf dem Partnermarkt, den Eva Illouz als sexuelles Feld analysiert hat, beherrscht von Männern, die die Emotionalität der Frauen kontrollieren können, weil sie mehr Zeit bei der Suche haben und mehr Auswahl als die Akademikerin, die einen Partner möchte, der mindestens den gleichen Status hat.[14] Wer wollte es Eltern da verdenken, dass sie in ihre Kinder investieren, in ihre Bildung, in ihr Aussehen.

Geld und Konkurrenz erklären trotzdem nicht alles. »Die moderne Familie ist eine medialisierte Familie«, schreibt Bianca Kellner-Zotz, die sich mit Schwimmkursen für Meerjungfrauen beschäftigt hat, mit Baby-Entdeckungsreisen und mit Dreijährigen, die zwar mit dem Smartphone klarkommen, sich aber nicht die Schuhe binden können.[15] Aufmerksamkeit erzeugen, sagt Kellner-Zotz. Das eigene Lebensmodell legitimieren, weil Kinder nicht mehr zwingend dazugehören, weil es Alternativen zum Ehering gibt, weil die Individualisierung von uns verlangt, selbst zu entscheiden, wer wir sind und wo wir hinmöchten. Für Anthony Giddens ist das »Selbst« ein reflexives Projekt – der zentrale Unterschied zwischen modernen und traditionellen Gesellschaften, in denen religiöse Bindungen, lokale Gemeinschaften und Verwandtschaftsbeziehungen Sicherheit gegeben und gesagt haben, wie man glücklich wird.[16]

Der Druck, sich selbst zu verwirklichen und das, was man tut, stets zu rechtfertigen, ist das Einfallstor für den Imperativ der Aufmerksamkeit. Super-super-super und auf jeden Fall besser als alles, was vorher da war und was die anderen haben oder machen: unsere Töchter und Söhne, unsere Reisen und unsere Feten, unsere Beziehung, unsere Küchen, unsere Abende außer Haus. Dieser Siegeszug der kommerziellen Medienlogik in einem System, das gar nicht weiter entfernt sein könnte von den Massenmedien, schwächt, das ist die These dieses Kapitels, die Leistungsfähigkeit der Familie. Liebe, angenommen werden, mit der ganzen Person Vater oder Mutter sein können: Dafür genügt es, jeden Abend beim Essen miteinander zu sprechen und in den Ferien sowieso. Dafür hat Oma zum Geburtstag Kuchen gebacken und in das ›gute‹ Restaurant eingeladen, wenn es etwas Rundes zu feiern gab. Das alles gibt es immer noch, keine Frage, vor allem in Milieus, die um das Überleben kämpfen oder näher an dem sind, was Giddens traditionelle Gesellschaft nennt. Was hier über die medialisierte Familie geschrieben wird, folgt dem gleichen Grundsatz wie das Kapitel über die medialisierte Gesellschaft: »Aussagen über alle sind nicht Aussagen über jeden.«[17]

Partnerwahl: It's showtime

Zuerst der Partner. Er soll alles sein. Sie auch. Eine eierlegende Wollmilchsau: So fasste die Agentur Elitepartner eine Studie von 2012 zusammen, bei der 12 000 Frauen und Männer nach ihrem Wunschtyp gefragt wurden. Ist diese Traumsau weiblich, wird das Aussehen etwas wichtiger. Na gut. Die Folgen sind für beide Geschlechter gleich: Die Suche dauert länger. Keine Kompromisse. Heike Kainz, Anwältin und Familienmediatorin, spricht von »Wegzapp-Mentalität« und »fehlender Frustrationstoleranz«. Hohe Ansprüche: So haben 35 Prozent der Singles in der Elitepartner-Befragung von 2013 begründet, warum sie keine Beziehung haben. »Irrwitzige Ansprüche«, sagt der Familienforscher Walter Bien. Jeder wolle »eine gute Partnerschaft« und »mindestens« künftige Nobelpreisträger in der Wiege.[18] Also: sich noch besser informieren, den Menschen finden, der in die eigene Geschichte passt und Stoff für neue, außergewöhnliche Geschichten garantiert. Auf dem Büchertisch wird deshalb geraten, schon vorher »überall für Aufmerksamkeit zu sorgen«. Einige der »100 Tipps« von Oliver Stöwing: sich einzigartig machen, »wilde und gefährliche« Dinge tun, unterwegs sein und mit dem Zeitgeist auf Du und Du, immer wieder Neues probieren.[19] Dann sieht jeder Traummann, dass es mit dir nur toll werden kann. Spannend, aufregend, immer etwas zu erzählen. Stöwing muss es wissen. Er arbeitet als Promi-Journalist, für *Bunte*, *Bild* und *Berliner Morgenpost*.

Wenn »der blöde Prinz« endlich »auf seinem dämlichen Gaul« ist (so heißt einer von Stöwings Bestsellern), dann wird – nein, noch nicht. Antrag, Verlobung, Junggesellenabschied. Bühnen für das frische Glück. Liebe muss gezeigt werden. Möglichst allen. Was Hollywood in den *Hangover*-Filmen bietet, ist zwar unerreichbar, aber jeder Städter weiß, dass die Jugend aus dem Umland alles versucht, um nicht zu sehr abzufallen. Geht das gut, kann geheiratet werden. Yes, no, maybe.[20] 1950 wurden in der Bundesrepublik etwas mehr als 750 000 Ehen geschlossen. 2013 ungefähr halb so viele.[21] Schon der Begriff Eheschließung: ein Anachronismus. Was heute als Hochzeit inszeniert wird, hat wenig mit den Bildern zu tun, die Oma und Opa einst eingerahmt haben (falls sie überhaupt Bilder hatten). In den USA lagen die Durchschnittskosten 2010 bei knapp 25 000 Dollar.[22] Die *Daily Mail* in London hat schon 2007 von einem »Competitive Wedding Syndrome« geschrieben.[23] Feiern. Groß feiern. Weit weg, ausdauernd und so, dass die, die dabei waren, noch lange davon sprechen.

»Heute ist es ganz normal, dass die Gesellschaft nach Österreich fährt«, sagt Franziska Schmidt, Hochzeitsplanerin. Schmidt erzählt von »Hochzeitswochenenden«: mit Get Together am Freitag, Fest am Samstag und Brunch am Sonntag. Vollverpflegung, Kinderbetreuung, Matratzenlager. Eine Art Mini-Klub-Urlaub. Ihren Kunden sei es wichtig, den Gästen möglichst früh Termin und Ort zu nennen, damit die Flüge gebucht werden können. Vorlaufzeit: bei manchen Locations inzwischen mehr als ein Dreivierteljahr. Peter Trunk, Standesbeamter in München, sagt, dass viele seiner Paare die Zeremonie mitgestalten wollen. Den Saal, den

Einmarsch, die Rede. Und dann der Wunsch nach außergewöhnlichen Orten. Allianz Arena, Olympiaturm. Trunk weiß, dass er trotzdem nicht mit seinen Kollegen in Breitbrunn am Chiemsee mithalten kann, die die Fraueninsel anbieten, und auch nicht mit dem Standesamt in Garmisch. Heiraten auf der Zugspitze, im Angebot seit 1998.

Sich abheben, höher hinaus als alle anderen: Auf dieses Motto lässt sich verdichten, was Stefanie Herkenroth über die Hochzeit von heute herausgefunden hat. Für manche fängt dieses Fest schon mit etwas an, was ganz amerikanisch Engagement-Shooting heißt. Hierzulande seit drei, vier Jahren üblich, sagt Barbara Meyer-Selinger, Fotografin in München, Spezialgebiet Familie. An den Ort gehen, an dem man sich kennengelernt hat. Oder in die U-Bahn. Sehr besonders soll es sein, eine Probe für den Ernstfall, für den Meyer-Selinger Ganztagsreportagen anbietet, ab sechs Stunden aufwärts. Frau und Mann brav nebeneinander, Hand in Hand, unsicher lächelnd: Das war einmal. Es gehe nicht mehr um das »Dokumentieren« oder »um das Ablichten von Gesichtern«, sagt die Fotografin, sondern »darum, die Stimmung zu transportieren«. Ob das Brautpaar nun hüpft oder barfuß im Wasser spaziert: Was zählt, ist Einzigartigkeit. Wenn das Wetter nicht mitspielt oder die Auftraggeber unzufrieden sind, gibt es ein After Wedding Shooting. Und wem Fotos zu altmodisch sind, der lässt ein Video drehen, praktisch auch für die Verwandten in Brasilien und Bolivien, falls die Liveübertragung via Satellit nicht funktioniert haben sollte.

Stefanie Herkenroth spricht von einer »Show«, bei der »das glückliche Paar Regie führt« und die Gäste zu »Marionetten« werden. Einladungen, die die Kleidung vorschreiben (damit das Farbkonzept für die Fotos aufgeht). Ein Stein für jeden Gast, der zu bemalen und am Ende abzugeben ist. Gastgeschenke, die zum roten Faden der Hochzeit passen. Torten, auf denen sich alle Familienmitglieder als Mini-Klone wiederfinden. Und, und, und. »Früher war alles eher Standard«, sagt Barbara Meyer-Selinger, die Fotografin. »Es gab ungefähr zehn Brautfrisuren. Die Kleider und Sträuße waren auch immer ähnlich.« Vorbei. Franziska Schmidt, die Hochzeitsplanerin, hört auf ihren Festen oft, dass das jetzt nicht mehr zu überbieten sei, wirklich nicht. »Die Gäste denken schon darüber nach, was sie übernehmen oder besser machen können. Da herrscht ein gewisser Druck.« Liebe, sich angenommen fühlen als ganze Person: Dafür braucht es das alles nicht.

Kinder, Kinder oder Wenn Holger Badstuber zum Geburtstag kommt

So eine Hochzeit: Das passiert einmal im Leben. Falls es Nummer zwei, drei, vier doch geben sollte: in der Regel deutlich kleiner. Für die Premiere berichtet die Literatur schon aus den 1970er Jahren von rauschenden Festen. Doppelhochzeiten, religiöse Orte.[24] Herausragende Ereignisse so begehen, dass sie sich tatsächlich vom Alltag abheben. Wegmarken für die Erinnerung schaffen, etwas, woran man sich festhalten kann, gerade in unsicheren Zeiten.[25] Soll sich also in Szene setzen, wer sich das leisten kann und will. Warum nicht. Meinetwegen auch am 50., am 60., am 65. Oder schon zum 30. Ein paar große Tage im Leben. Früher hat jeder auf die Dorfhochzeit hin gefiebert. Heute ist allerorten Spektakel, im Theater, im

Kino, auf den Straßen, jedes Wochenende.[26] Vielleicht stärkt es die Familie und die Beziehungen, die sonst noch wichtig sind, wenn man diese Konkurrenz aussticht und möglichst viele Freunde und Verwandte hinter die sieben Berge nach Österreich bringt.

Was nach der Hochzeit kommt (falls es denn kommt): Das ist für uns alle viel bedrohlicher, weil wir mit den Folgen leben müssen. Beziehungsweise mit den Menschen, die eine medialisierte Erziehung produziert. Um das zu wiederholen: Damit ist nicht das gemeint, was die üblichen Verdächtigen wie Manfred Spitzer über Bildschirme und Smartphones in Jungs- und Mädchenhänden zu wettern haben. Dass »das digitale Leben unsere Gesundheit ruiniert« und »uns und unsere Kinder um den Verstand« bringt: wer weiß.[27] Die Forschung sagt eher nein.[28] In diesem Buch wird von medialisierter Erziehung gesprochen, wenn die Handlungslogik des Systems Massenmedien bestimmt, was Eltern mit ihren Kindern tun. Bloß nichts Normales. Bloß nicht das, was die anderen machen. Bloß keine Rituale und kein Einerlei. Originell muss es sein und neu. Für alle sichtbar, am besten auf einer Bühne und dann natürlich auf *Facebook, WhatsApp* oder *Instagram*. Ein Höhepunkt nach dem anderen. Aufmerksamkeit erzeugen.

Es beginnt schon mit den Begriffen. Doing Family.[29] Managing Parenting.[30] Qualitätszeit. Vater und Mutter zu sein, ist längst keine Selbstverständlichkeit mehr, sondern Arbeit, harte Arbeit. »Jedes Kind ist hoch begabt« rufen Gerald Hüther und Uli Hauser in einem Erziehungsratgeber, Neurowissenschaftler der eine, Journalist der andere. Sich an Vorgaben halten, sich einordnen in die Gruppe? Nicht doch. Einzigartig sind sie, unsere Kinder. Also ja nicht anpassen, weil es immer »die Eigensinnigen sein werden, die uns in Erinnerung bleiben«.[31] Das ist kommerzielle Medienlogik in Reinkultur – und stand 2013 auf Platz eins der *Spiegel*-Bestsellerliste. Sepp Fritsch, Lehrer an einer Mittelschule in Oberbayern, kennt die kleineren und größeren Quälgeister, die aus solchen Flaschen kriechen: »Sag Danke, sag Bitte, halt den Mund, wenn jemand anders spricht«: Diese »grundlegenden Werte« würden heute keine Rolle mehr spielen. »Es ist nicht mehr möglich, im Pausenhof ein Kind aufzufordern, ein Papier aufzuheben, das am Boden liegt. Das machen die nicht, weil es ja nicht ihres ist. Dafür ist ja die Putzfrau da. Und die Eltern unterstützen dieses Verhalten.«[32]

Über die Terminhatz ist schon viel geschrieben worden. Reiten, Musikschule, Ballett und Turnen, Sprachlehrer. Grundschüler, die einen Kalender haben wie sonst nur Manager. In diesem Kalender kommt es dabei gar nicht so sehr auf die Menge an. »Erziehungsziel: Auffallen« hat Bianca Kellner-Zotz ihre Studie über den »Familienstress« genannt. Entscheidend sei, »dass das Kind heraussticht«: mit einem Kostüm oder mit einem Trikot, das die anderen nicht haben, tanzend, singend, spielend vor großem Bahnhof (am besten als Solistin oder als Solist), mit einem besonderen Instrument. Blockflöte? Puh. 1977 jeder dritte Musikschüler. Heute: sechs Prozent. Eine Violine soll es sein, mindestens. Besser ein Saxofon, ein Klavier. »Die Blockflöte hat einen schlechten Ruf«, sagt Karin Büscher, Lehrerin an der Musikschule Ampertal. Nicht bei den Kindern, wohlgemerkt. Büscher erzählt, was passiert, wenn sie mit der Flöte direkt in die Schulklassen geht, ohne den Umweg über die Eltern. »Da haben ganz viele Lust bekommen, das zu lernen.« Neben der Blockflöte sind auch Gruppenstunden out. Sich einzugliedern falle den Kindern schwer, sagt Karin Büscher. »Man macht ihnen im Chor eine große Freude, wenn sie vorn allein vorsingen dürfen und im Mittelpunkt stehen.«

Die Kinder auf der Bühne: Für Bianca Kellner-Zotz sind das »Darsteller in der Inszenierung ihrer Eltern, die sich als Drehbuchautoren begreifen und eine Erfolgsgeschichte schreiben wollen«. Dazu passt, dass Väter in den zwei Monaten Elternzeit, die sie von ihrem Chef erbetteln, auf Weltreise gehen oder ein Buch schreiben und dass Frauen keine »richtigen Mütter« mehr sein wollen. Nicht so aussehen, bitte. Eher wie eine Schauspielerin oder ein Model. Schlank und attraktiv jedenfalls. Doris Stickl, eine Hebamme, die Kellner-Zotz befragt hat, begründet das mit dem »Druck«, der von Medienfiguren wie Heidi Klum ausgehe. »Das sehe ich auch in der Rückbildungsgymnastik. Da gehen die hin, damit der Bauch weggeht. Ich sage dann immer: Erst straffen wir den Beckenboden. Sie sind schon enttäuscht, wenn der Bauch an zweiter Stelle steht. Dann muss ich ihnen das mit der Inkontinenz erklären.« Die eigene Gesundheit versus Aufmerksamkeit. Und die Aufmerksamkeit gewinnt.

Konkurriert wird nicht nur in Sachen Figur. Das klügste Kind, die glücklichste Familie. »Eltern versuchen, sich gegenseitig zu übertrumpfen«, sagt Renate Hartberger, die als Sozialpädagogin in Allershausen arbeitet, im Münchener Speckgürtel. Was Hartberger in ihrer »Lernpraxis« (»Zentrum für ganzheitliches Lernen«) beobachtet: »Eltern unterhalten sich vor allem über die Leistungen. In der Schule, in der Freizeit.« Nur nicht als Loser dastehen. Alles top-top-top. »Dieses Daher-Lügen, das ist ganz weit verbreitet.« Ebenfalls weit verbreitet: Action vom ersten Tag an. Alles geben, um das Maximum aus dem Kind herauszuholen. Massage und Osteopathie für Menschlein, die noch nicht einmal ihren Kopf heben können. »Baby-Entdeckungsreisen«, bei denen Säuglinge auf Blättern laufen, in Pappkartons durch den Gruppenraum gezogen werden und mit farbigem Sand spielen.[33] Die Fotos sind wunderschön, und man hat etwas zu erzählen. Jeden Tag zum Spielplatz gehen, immer auf dem gleichen Weg, sich selbst etwas ausdenken, vor dem Einschlafen singen? Das sei vielen zu anstrengend, sagt Andrea Hilt, die einen Kindergarten in Freising leitet. »Die Eltern, die Ballett und alles Mögliche anbieten, die setzen sich am Abend ja nicht hin und lesen vor. Die Idee ist schon: Mein Kind muss alles haben, aber immer von anderen, nicht von mir. Lieber dann bezahlen.«

Richtig teuer sind Geburtstagspartys. Miniaturhochzeiten, gar nicht so selten ebenfalls von Agenturen veranstaltet. »Die Erwartungshaltung der Kinder ist enorm«, sagt Daniela Schreck von *Tollkids*. »Die sind gewohnt, gepampert zu werden, und kriegen dann eben einen Heli-Flug.« Oder Holger Badstuber gratuliert. Persönlich. Weil der Junge doch so ein großer Fußball-Fan ist. Selbst backen, auf den Topf schlagen, blinde Kuh sein? Den Krach aushalten, mit den Nachbarn diskutieren und dabei zusehen, wie sich die Wohnung in ein Schlachtfeld verwandelt? Um Himmels Willen. Hilfe muss her. »Da gibt es den Zauberer, den Clown, das Science Lab«, sagt Jutta Esser von *kindergeburtstage-muenchen.de*. Budget: ab 150 bis 200 Euro. Bei *Tollkids* kostet eine dreistündige Mottofeier 600 bis 700 Euro. Lillifee, Topmodel, Star Wars. Bekannt aus Film und Fernsehen.

Eigentlich bietet die Agentur so etwas für Schulkinder an. Eigentlich. Daniela Schreck erzählt, dass es immer mehr Kunden gibt, die schon für Dreijährige eine Mottoparty wollen. Für Kinder, die das Motto kaum kennen, am liebsten frei umherspielen und höchstens einen Aufpasser bräuchten.

Sepp Fritsch (das ist der Lehrer, der das Papier selbst aufheben muss) beklagt, dass die Eltern »zu wenig normale Sachen« machen. »In den Wald gehen, eine Holzhütte bauen. Ich habe Kinder, die wissen den Unterschied zwischen Schraube und Nagel nicht. Die Eltern rennen von Kurs zu Kurs, aber die Kinder lernen nicht, aus sich selbst heraus Motivation zu entwickeln.« Fritsch kennt »zwei Typen von Eltern«: Akademiker und Nicht-Akademiker. »Und beide wollen dasselbe: dass ihr Kind Abitur macht.« Ein Abschluss mit guten Noten, die nicht zufällig immer besser werden. Herausstechen aus der Masse. Wenn das an der Schule vor der Haustür nicht geht, dann eben auf zur Waldorfschule. Der Schuldirektor aus Kapitel 4, der nach Alleinstellungsmerkmalen fahndet, einen Koch ins Haus holt und in Werbematerial, Jahresberichte und Abschlussfeste investiert:[34] Hier hat er seinen Nährboden. »Dieser Druck, dass was geboten ist«, sagt eine andere Kindergartenleiterin, die gern weniger Feste feiern würde. »Das ist fast nicht möglich. Das würde ich mich nie trauen.«

Sonntag: Dieses Wort versprach früher »Zeit zum Atemholen, zur Ruhe und Entspannung, zur familiären Gemeinsamkeit und für Besuche bei Freunden und Verwandten«. Früher ist dabei eigentlich erst gestern. Das Zitat aus dem *Familienratgeber* von Ferdinand Oertel stammt von 1986.[35] *Die Eltern-Trickkiste* von Ute Glaser, 2011 veröffentlicht, Ende 2015 in der zehnten Auflage erschienen und im Moment eines der meistverkauften Bücher im Bereich Pädagogik, mag das Alltägliche nicht. »Routine« sei »der Feind des Besonderen« und sauge »die Zeit auf wie ein Schwamm«, schreibt Glaser. Also auf in die Freizeitparks, zu Indianern, Wikingern, Piraten. Den ungeliebten Fisch als »Seefleisch« anpreisen und schnell das Thema wechseln, wenn alles auf eine Machtprobe hinausläuft. Attraktiv soll dieses neue Thema sein, überraschend, originell.[36] Die Kinder eben austricksen. Und sich aufregen, wenn die Ballettlehrerin oder sonst ein Erzieher doch mal ernster wird. In diesem Klima haben die alten Brettspiele einen schweren Stand und auch die etwas neueren. Der Ableger von Monopoly heißt »Empire« (Dauer: 30 Minuten) und der von Scrabble »Flash« (zweieinhalb Minuten). »Mensch ärgere Dich nicht oder Memory: Das lernen die meisten erst hier bei uns kennen«, sagt Andrea Hilt, die Kindergärtnerin aus Freising. »So richtige Spiele, das dauert Eltern und Kindern zu lange.«

Reise Dich interessant. Und hoffe nicht auf Gans mit Rotkohl

Sich selbst zur Schau stellen und dabei das eigene Glück und den eigenen Erfolg präsentieren: Was machen diejenigen, die nicht heiraten, keine Kinder (mehr) haben und auch keinen Jubelanlass in Reichweite? Wegfahren, kochen, ausgehen. Zugegeben: Das ist nicht alles. Es gibt Menschen, die in jede Theaterpremiere laufen – selbst in Städten, die mehr als ein Schauspielhaus haben. Es gibt Menschen, die 40 Kilometer am Stück gehen, Tag für Tag, eine ganze Woche lang. Und es gibt (immer noch) Menschen, die all ihre Energie in Autos stecken, Umwelt hin oder her. Trotzdem: »Eine Küche ist heute das, was früher ein Mercedes war«, sagt eine Verkäuferin, die vom Fach ist. Edel soll es sein, teuer und schick. Zeiko, Bulthaup oder Poggenpohl, egal, wie das aussieht, was sonst so im Angebot ist.

Möglichst offen, in der Mitte des Hauses, mit Theke und Barhockern. Bei der Technik das Beste vom Besten. Ein Dampfgarer zum Beispiel, obwohl man den eigentlich nur braucht, wenn man oft kocht und gern. Für die Woche muss ein Zweitgerät her. Die Verkäuferin: »Öfen werden ja heute auch schon fotografiert wie Autos.« Vor allem Vielverdienern (4 500 Euro und mehr) ist das Design wichtiger als die Funktionalität.

Nichts gegen das Kochen und schon gar nichts gegen das Kochen in größerer Runde mit einem Glas Wein und angenehmen Gesprächen. Mehr Entspannung geht nicht. Nur: So viel kochen die Deutschen gar nicht. Der Markt für Tiefkühlkost wächst. Allein der Pizzaverbrauch hat sich zwischen 2003 und 2012 fast verdoppelt. Und wenn doch gekocht wird, soll es schnell gehen. Gewürzmischung, Backpulver, Saucenbinder. Selbst dann riecht es. Und es ist laut. Die Kochinsel, bei der alle zuschauen können: Praktisch ist das nicht. Auch der Backofen auf Augenhöhe nicht. »Damit alle dieses tolle Gerät sehen«, sagt die Verkäuferin. Dabei sei es viel sinnvoller, den Geschirrspüler hochzubauen. Der werde viel häufiger benutzt. Die Dunstabzugshaube wird dagegen versteckt, in der Nähe des Kochfelds. Nach unten saugen, obwohl der Dampf nach oben steigt.[37]

Wozu der ganze Aufwand? Warum sind Küchen der Renner am Möbelmarkt? »Selbstverwirklichung und Demonstration«. Den Lebensstil ausdrücken, ihn sichtbar machen, zumindest für diejenigen, die einem wichtig sind.[38] »Kochen ist schick«, sagt eine Architektin, die Bianca Kellner-Zotz und Fabian Wiedel befragt haben. Die Fernsehköche, »die ganzen Sendungen«. »Das Kochen an sich ist ja völlig aufgewertet worden.« Da koche sogar der Mann mit, »möglichst exotisch, mit Flambieren und was weiß ich. Das möchte ich ja zelebrieren, wenn die Gäste da sind und mir zugucken.« Kellner-Zotz und Wiedel: »Design-Küchen versprechen Originalität, Einmaligkeit und Inszenierungsmöglichkeiten.«[39]

»Reise Dich interessant!« hieß die *Expedia*-Kampagne 2013.[40] Was sonst. Faul am Strand liegen, rumgammeln, drei Wochen lang mal gar nichts tun und Geist und Seele baumeln lassen? Nicht in einer Welt, die vom Imperativ der Aufmerksamkeit beherrscht wird. Wir fahren heute nicht so lange weg wie unsere Eltern (1980 im Durchschnitt 18,2 Tage, 2013: 12,1)[41], dafür aber öfter (1985: 1,17 Reisen pro Tourist, 2004: 2,3)[42]. Und: Wir wollen mehr erleben. Viel mehr. Wir wollen etwas zu erzählen haben, etwas zu posten. »Das Besondere, das Schicke« sei ein klarer Wachstumsmarkt, sagt Nicola Vogt, eine PR-Beraterin. Mit Rucksack und Kleinkind durch Panama, Segeln um die Welt. Und ein Städtetrip für zwischendurch, mit dem gleichen Komfort wie daheim, bitte. Auch für die Kinder soll das Leben unterwegs nahtlos weitergehen. Gar nicht mehr vorstellbar, dass es Eltern gab, die nicht wussten, was Miniklub und Ganztagsanimation sind, und ihren Sprösslingen in Umbrien keinen Italienischkurs anbieten konnten. Der Urlaub als Verlängerung des Alltagswettkampfs. Nicola Zech, eine Hotelberaterin: »Wenn der eine in Dubai war und der andere in Singapur, dann klingt der Gardasee schon relativ langweilig.«

Der Imperativ der Aufmerksamkeit gilt auch nach Feierabend. Wer heute in ein Restaurant geht, will sicher satt werden. Das schon. Aber satt wird man überall (und ist es manchmal schon vorher). Und meist schmeckt es auch richtig gut. »Heute geht es mehr um das Erlebnis«, sagt Sebastian Tewes, der in der Münchner Maximilianstraße das *brenner* leitet,[43] ein »Restaurant am Puls der Zeit« (so behauptet zumindest das »Fact Sheet«, das man im Internet herunterladen kann[44]). Das Essen ist die Basis. Das, was man voraussetzt, was man aus dem Fernsehen kennt oder vom Kumpel mit dem teuren Dampfgarer. Also Animation. Vor dem Essen, dabei, danach. Musik und Tanz, ein Magier, ein Krimidinner. Etwas Besonderes bieten. So ist etwa im frühen September 2016 gerade Tsuyoshi Nakamura im *brenner* zu Gast und »präsentiert ausgewählte Kreationen der japanischen Küche«. Schon der Name ein Genuss. Personalisierte Gastronomie.

Wenn nicht der Koch, dann der Wirt. Der Gast gehe nicht einfach so in ein Restaurant, sondern wolle einen Gastgeber, sagt Oliver Merches, Geschäftsführer bei *Hans im Glück*. Das sei auch das Erfolgsgeheimnis der Kette. Ein Mensch, der mit seinem Namen und seiner Person für die Qualität vor Ort einsteht. Ein Mensch, der gut aussieht und dafür auch etwas tut, ein Mensch, der eine Geschichte hat (in der Speisekarte erzählt oder sonst irgendwo im Lokal) und der deshalb mit den Medienfiguren mithalten kann, die zu Hause ungeduldig warten. Die Geschichte darf auch dem Restaurant gehören. Hauptsache, man kann sie erzählen. Der Restaurantbesuch als »Heimatbesuch bei Bekannten«. Dazu gehört, dass der Gast sich das Fleisch an der Reifetheke aussucht (*Kapitales vom Rind*, München), selbst grillt (*Grill & Grace*, München), Bier zapft (*Hacker-Pschorr Bräuhaus*) und bei Partys sogar kellnert (*Gutshof Menterschwaige*, München). Dazu gehört auch der Kellner mit dem »verbalen Brechdurchfall«, der SZ-Redakteur Marten Rolff in einem Tim-Mälzer-Lokal in Hamburg den Spaß verdorben hat.[45] Es muss etwas los sein, fast so wie im Fernsehen. In München wird es deshalb immer schwerer, spontan Essen zu gehen, vor allem Donnerstag, Freitag und Samstag. Reservieren. Vorfreude aufbauen. Etwas Besonderes erleben.[46] Wer sich gewundert hat, dass ein Filmstar wie Elyas M'Barek in München eine Bar betreibt (*Paisano*, eröffnet 2015): Eine bessere Story gibt es nicht.

Die kommerzielle Medienlogik hat auch Teller und Speisekarten erfasst. »Es ist wichtig, dass das Essen gut aussieht«, sagt Peter Ludik, der in München ein veganes Restaurant betreibt (*Max Pett*). Beweis: seine *Facebook*-Seite. 2000 Kontakte da, wo »die Farben nicht so gestimmt« haben, 3000 bei einem Gericht, dass »super« aussieht. Keine Gans mit Rotkohl mehr, sondern Landschaften, die man erst fotografieren kann, dann posten und schließlich essen. Aussehen schlägt Geschmack. Und der Gast braucht etwas länger. Das Menü dafür: kurz, knapp, verständlich. Früher sei das alles »sehr verschnörkelt« gewesen, sagt Otto Koch, ein anderer Münchener Spitzengastronom. Früher: Das ist die Zeit, in der es um »die große Portion« ging und um sonst nichts. »In der heutigen Zeit heißt es: Kalb, gebraten, Gemüse, Sauce und fertig. Vielleicht noch, wo das Kalb herkommt.« In der Szenegastronomie dominieren Speisekarten, die nicht länger sind als eine Seite. Keinerlei Schnickschnack. Vereinfachen, eine Position beziehen, damit vielleicht auch polarisieren. Wiederkennbar sein, das Lieblingsgericht deshalb nicht einfach streichen, aber trotzdem überraschen. So, wie wir es aus den Massenmedien kennen.

Johanna Böllmann hat für ihre Studie über die Medialisierung der Gastronomie nach alten Fotos gesucht. Wie sahen die Räume damals aus, wie ist es heute? Viel gefunden hat sie nicht – auch weil sich die Restaurants einst ähnelten wie ein Ei dem anderen. Dunkles Holz, hochwertige Stoffe, festliches Gedeck. Noch in den 1980er Jahren ignorieren Restaurantführer das Ambiente deshalb weitgehend. Heute ist das Ambiente oft alles. Im *brenner* gibt es einen langen Gang, »Catwalk«, sagt Sebastian Tewes. »Es gibt Gäste, die gehen abends fünf- oder sechsmal auf Toilette, um gesehen zu werden. Das zählt auch zum Erlebnis.« Auch für Oliver Merches vom *Hans im Glück* ist »Unterhaltung« ein »extrem wichtiger Teil« des Restaurantbesuchs. Manche seiner Kollegen stellen dafür ein riesiges Zebra in den Eingang (*Attentat Griechischer Salat*, München), andere imitieren Urlaubsatmosphäre. Hauptsache anders, Hauptsache einzigartig.

6 MEDIENRESILIENZ: WIE WIR MIT DER BERICHTERSTATTUNG UMGEHEN KÖNNEN

UND DABEI ZUGLEICH DEN JOURNALISMUS STÄRKEN

Was fangen wir jetzt mit alldem an, was in diesem Buch bisher angehäuft wurde? Was hilft uns das Wissen, dass die Realität der Massenmedien heute ganz anders ist als vor 30 oder 40 Jahren, vor den drei Medienrevolutionen – bunt, grell und originell, voller Geschichten, die uns fesseln, weil sie ungewöhnlich sind, überraschend, menschlich? Wussten wir das nicht schon vorher oder hätten es zumindest wissen können? Und: Ist das nicht sogar gut? Nie mehr Langeweile und nichts, was uns nicht wenigstens ein bisschen interessiert. Vorbei die Zwangsverpflichtung auf anstrengende Inhalte, weil es einfach keine Alternativen gab. Und unser Leben erst, daheim, im Büro, in der Freizeit. So spannend, so ansprechend wie Fernsehen, Presse, Touchscreen, dann jedenfalls, wenn der Imperativ der Aufmerksamkeit tatsächlich in alle sozialen Funktionssysteme vorgedrungen ist und dort Personal, Regeln und Bühnen so verändert hat, dass öffentliche Aufmerksamkeit und öffentliche Legitimation garantiert sind. Keine Lehrerin mehr, kein Wirt und keine Verkäuferin, die nicht auch eine TV-Show zur Primetime am Abend moderieren könnten. Politiker und CEOs sowieso. Schöne medialisierte Welt.

Georg Franck, ein Architekt, der früh auf EDV setzte, hat den Aufstieg der Aufmerksamkeit zur neuen Leitwährung schon vorhergesagt, als das Internet noch etwas für Nerds war und an soziale Medien nicht einmal zu denken. Wie jedes Geldstück hat Aufmerksamkeit bei Franck zwei Seiten: selbst Energie aufbringen (scharf selektieren, weglassen) und Zuwendung empfangen. Der Mensch halte es nicht aus, keine Rolle im »Seelenleben« seiner Mitmenschen zu spielen. Von anderen beachtet werden, vielleicht sogar von Fremden: unwiderstehlich. Francks Buch heißt *Ökonomie der Aufmerksamkeit* und behandelt solche anthropologischen Konstanten nur am Rande. Wohlstand und Dienstleistungsgesellschaft, das sind seine beiden Erklärungen. Wenn alle materiellen Bedürfnisse befriedigt sind, dann rücke »der gesellschaftliche Ehrgeiz ins Zentrum der Lebensinhalte« und damit »die Sorge«, auch ja wahrgenommen zu werden. Und wenn wir geistig arbeiten, dann sei »beachtende Anerkennung« viel wichtiger als ein großer Gehaltsscheck. Job gegen Geld? Nicht doch. Nicht mehr. In Francks Welt wird der Gebildete lieber Wissenschaftler als Industriekapitän, weil das »Einkommen an Aufmerksamkeit« für Akademiker höher ist oder zumindest wahrscheinlicher.[1] Man hört die Generation Zeitvertrag förmlich schlucken. Her mit dem nächsten Praktikum. Ich will beachtet werden.

Dieses Buch liefert eine andere Diagnose und eine andere Erklärung. In diesem Buch heißt die neue Leitwährung öffentliche Aufmerksamkeit und öffentliche Legitimation – wie Francks

Aufmerksamkeit ein knappes Gut, vergeben von Journalisten, die auf Publikumsmaximierung fixiert sind (im Moment jedenfalls). Bei Georg Franck sind die Massenmedien Märkte, spezialisiert auf Aufmerksamkeit. Die Anbieter finden heraus, was uns gefällt, und wir bezahlen für diese Freundlichkeit mit Zeit und Energie. Massenmedien als eine »Geschäftsidee« mit dem »Kick«, »kontinuierlich und massenhaft« Aufmerksamkeit anzuziehen. Unwiderstehlich, sozusagen. Vielleicht muss man das als Architekt so sehen, wenn man ein Buch über das Ende der Geldökonomie schreibt und daraus sogar eine Utopie strickt. Weg von den »Materialschlachten« und »den Verwüstungen der Industriegesellschaft«, hin zu einem »möglicherweise lebensrettenden Wertewandel«. Die Ökonomie der Aufmerksamkeit als Gegenentwurf zum Materialismus und damit als »Chance« für »unseren Planeten«.[2]

In diesem Buch wird der Imperativ der Aufmerksamkeit als Bedrohung gesehen. Als Bedrohung für das System Massenmedien, weil der »Kick«, viele Menschen anzuziehen, offenkundig nicht automatisch dazu führt, dass Journalisten das leisten, was eine demokratische Gesellschaft von ihnen erwartet: Öffentlichkeit herstellen, die Mächtigen kritisieren, die Mächtigen kontrollieren, uns alle informieren. Als Bedrohung für die anderen sozialen Funktionssysteme, weil die Medienlogik in die Programme einsickert, nach denen Politik, Wirtschaft und Kunst, Wissenschaft und Justiz, Erziehung und Religion arbeiten, und dabei das gefährdet, was diese Systeme eigentlich leisten sollen. Als Bedrohung für uns und unsere Familien, weil wir die Medienlogik verinnerlicht haben und auch da so handeln, als wollten wir ein Massenpublikum erreichen, wo es nur um die geht, die uns nah und wichtig sind. Und schließlich noch einmal als Bedrohung für das System Massenmedien, weil wir die Arbeit der Journalisten erschweren oder gar unmöglich machen, wenn wir im Beruf, im Ehrenamt und daheim dem Imperativ der Aufmerksamkeit folgen – eine Bedrohung erst recht in einer Zeit, in der die traditionellen Medienunternehmen ihr Fundament verlieren (die Finanzierung über Werbung), Teile ihres Publikums und damit auch Ressourcen für einen investigativen Journalismus.

Vier Bedrohungen, für die Massenmedien von innen und außen, für die anderen sozialen Funktionssysteme nur von außen. Vier Bedrohungen, die von etwas ausgehen, was Georg Franck eher als Verheißung beschrieben hat. Hat er sich geirrt? Hat ihn die Zeit überholt? Wissen wir heute mehr als er? Was dieses Buch von der »Ökonomie der Aufmerksamkeit« unterscheidet: Es sieht die Massenmedien und den Menschen nicht nur durch die Brille der Wirtschaft. Bezahlt werden ist nicht alles, egal ob mit Geld oder Aufmerksamkeit. Man kann dazu noch einmal ins erste Kapitel zurückblättern, zu Hartmut Rosa, der die »Frage nach dem guten Leben« mit der »Qualität der Weltaneignung« beantwortet,[3] für die der Platz im »Seelenleben« der anderen nur ein Lebensziel von vielen ist, oder zu Hanns Joachim Friedrichs und Ulrich Wickert, die von ihren Nachfolgern in den Redaktionen Aufklärung fordern. Wickert: Gebt den Menschen Orientierung. Helft ihnen beim Denken, bitte.[4] Allein schon dass er das schreiben muss, 2016, zwei Jahrzehnte nach Franck, stützt die Argumentation, die in diesem Buch entwickelt wurde.

Hilfe verspricht das Resilienzkonzept, das, so viel Transparenz muss sein, zugleich dafür verantwortlich ist, dass hier der Begriff »Bedrohungen« verwendet wird. Von Resilienz zu sprechen, ist nur sinnvoll, wenn man von widrigen Bedingungen ausgeht. Anders gewendet: Das Konzept verlangt geradezu, nach solchen Widrigkeiten zu suchen. Und es verlangt, das zu benennen, was stabil sein soll, was es wert ist, erhalten zu bleiben. Für die Ratgeberliteratur ist das einfach: Menschen, die resilient sind, geht es gut. Sie verkraften körperliches Ungemach, Unglücksfälle im nahen Umfeld und andere Heimsuchungen.[5] Ja, mehr noch: Sie können durch Schocks und Chaos sogar wachsen, eine Idee, die Nassim Nicholas Taleb in seinem Buch *Anti-Fragilität* aufnimmt. Talebs Rat: die »Illusion der Vorhersagbarkeit« aufgeben, »Zufälligkeit und Ungewissheit positiv« sehen, Risiko und Irrtum in Kauf nehmen.[6] Ging ja bisher immer gut, auch für die Menschheit, sagt Armin Nassehi, der eine »sprichwörtliche Resilienz der Gesellschaft im Hinblick auf sich selbst« beobachtet hat. Der Eindruck, dass alles irgendwie lose gekoppelt sei und man weder einwirken könne noch Probleme nachhaltig lösen, sei geradezu »der Boden« für unsere »Fehlerfreundlichkeit«.[7]

Das Material, das in diesem Buch zusammengetragen wurde, lässt diese Art von Ruhe nicht zu. Dabei war bisher noch nicht einmal von Paris und Brüssel die Rede, von Istanbul, Nizza und München, von Berlin und Las Vegas, von den Anschlägen, die seit 2015 Europa und die Welt erschüttern. Margaret Thatcher hat schon 1985 nach einer Flugzeugentführung gefordert, Terroristen den »Sauerstoff der Publizität« zu entziehen. Ein Verhaltenskodex müsse her, und zwar einer, der die Berichterstattung über den Terrorismus beende. »Verschweigen ist keine Lösung«, schreiben Georg Mascolo und Peter Neumann Anfang August 2016 in der *Süddeutschen Zeitung*, »aber die neue Bedrohung erfordert neue Regeln.«[8] Zwei Wochen vorher hatte Chefredakteur Kurt Kister die »Bluttat von München« als Plage der »westlichen

Kommunikationsgesellschaften« bezeichnet. Im »Zeitalter der Hyperkommunikation« würden »Hunderttausende oder Millionen als Live-Zuschauer (und Kommentatoren)« an solchen Amokläufen teilnehmen. Die Folgen: Gerüchte, Panik. Kister: »Die vermeintliche Augenzeugenschaft aller verändert nicht nur die Wahrnehmung, sondern auch das Geschehen.« Und: Für die Täter sei genau das die Motivation, »diese Aussicht auf größtmögliche Öffentlichkeit«.[9] Die Polizei hatte schon nach Nizza darum gebeten, keine Tatortbilder mehr hochzuladen. *SZ*-Redakteur Matthias Drobinski: Dass man das überhaupt sagen muss! Setzt »den Bildern des Todes Bilder des Lebens« entgegen! Sonst würden »die terroristische und die kapitalistische Verwertungslogik« im Netz »eine groteske Symbiose« eingehen.[10] Wenn Thatcher, Mascolo und Neumann, Kister und Drobinski recht haben (und es spricht nichts dagegen), dann sind Paris, Brüssel, Istanbul, Nizza, München, Berlin, Las Vegas und alle Orte des modernen Horrors, die in dieser Aufzählung fehlen, in der Terminologie dieses Buchs ebenfalls Medialisierung, weil Terroristen und Amokläufer ihre Strategien an die Handlungslogik eines Massenmediensystems anpassen, das dem Imperativ der Aufmerksamkeit folgt. Die Frage nach der Resilienz dieses Systems ist damit zugleich eine Frage nach der Resilienz der Gesellschaft.

Medienkrise: Diagnosen, Rezepte und Therapien

Wer etwas erhalten möchte, wird normativ. Das ist die Crux des Resilienzkonzepts, dem folgerichtig vorgeworfen wird, eine Form des »postmodernen Konservatismus« zu sein, »der sich der Begründungen seiner Werte unsicher geworden ist«.[11] Wahrscheinlich brauchen Politikwissenschaftler solche Schubladen. In diesem Buch hilft die Brille Resilienz gleich doppelt. Zum einen schärft sie den Blick für die Bedrohungen, die vom Imperativ der Aufmerksamkeit ausgehen, und zum anderen zwingt sie dazu, genauer hinzusehen: Was erwarten wir vom Journalismus, von den Massenmedien? Und was wollen wir uns das am Ende kosten lassen?

Die Debatte ist längst eröffnet. Mascolo und Neumann, Kister, Drobinski. Die AfD. Schafft die Zwangsgebühren ab. Die CSU. Legt ARD und ZDF zusammen. Thomas Meyer. Stoppt die »Großjournalisten«, die ihr »Publikationsprivileg« missbrauchen, »um mitzuregieren«, und die Politiker dazu bringen, sich zu inszenieren.[12] Die Medienmacher selbst. Krise und Vertrauensverlust. Die Straße. Lügenpresse, halt die Fresse. Ulrich Teusch, der daraus das schöne Wort »Lückenpresse« gemacht hat (weil vor allem in der Außen- und Sicherheitspolitik Wesentliches unterdrückt sowie mit zweierlei Maß gemessen werde) und »das Ende des Journalismus« voraussagt, »wie wir ihn kannten«.[13]

Ärzte und Therapeuten sind sich ziemlich einig: Die Ökonomisierung ist schuld und mit ihr der Sog, der von den sozialen Medien ausgeht. Kapitel zwei, hier in Kurzform: drei Medienrevolutionen, viel mehr Akteure, viel mehr Wettbewerb. Ungleicher Wettbewerb, weil zwar alle das Gleiche wollen (Publikum), einige aber mehr sollen (eine öffentliche Aufgabe erfüllen) und zugleich weniger können (Werberegeln, Aufsichtsgremien, Technik). Wie man das Publikum erreicht, bestimmen dabei die Anbieter, die nur dem Mammon dienen. Nick Couldry erklärt das, was wir als Medienrealität erleben, mit den Produktionsbedingungen, ganz in der Tradition von Marx. Kriminalitätsberichte etwa seien schnell und billig herzustellen, weil offizielle Quellen genauso Gewehr bei Fuß stehen würden wie die Opfer. Promi-Nachrichten? Noch weniger Aufwand, deutlich weniger jedenfalls als bei Kriegen in der Ferne oder komplexen Konflikten daheim. Promis, Kriminalität und Sport (der bei Couldry fehlt): Diese Agenda führe dazu, dass die Realität der Massenmedien andere Themen und Akteure kleinmacht oder ganz ausblendet. Gewerkschaften zum Beispiel oder Bürgerrechtsbewegungen, sagt Nick Couldry. Das kann jeder selbst ergänzen. Lückenpresse. Wichtiger ist das, was Couldry »naturalization« nennt: Wir übernehmen die Kategorien der Weltbeschreibung, die wir in den Massenmedien finden, und merken das nicht einmal.[14]

Medialisierung erschwert deshalb nicht nur die Arbeit der Journalisten, sondern verändert auch die Ordnung der Dinge. Ein Schelm, wer bei den Werbekampagnen der Bundeswehr nicht nur an den »authentischen Typ« im Showroom am Berliner Bahnhof Friedrichstraße denkt. Deutschland und Militär: schwierig, so lange wir denken können. Neuerdings viel Presse, gute Presse. Vielleicht tut sich da ja was. Nick Couldry würde sagen: Sicher tut sich da was. Weitergedacht: Akteure, die mehr Ressourcen in die Öffentlichkeitsarbeit stecken können, in Medientrainings, in medientaugliches Personal, in Events, schicke Räume und spektakuläre Geschichten, gewinnen den Kampf um öffentliche Aufmerksamkeit und öffentliche Legitimation. Reiche und mächtige Akteure, die nicht nur bestimmen, worüber Journalisten berichten und wie sie das tun, sondern auch, wie wir die Welt wahrnehmen. Der Profifußball zum Beispiel,[15] der inzwischen sogar in einem Buch wie diesem einen prominenten Platz hat und dabei nicht einmal unsympathisch rüberkommt.

Uwe Krüger, der an der Universität Leipzig Journalisten ausbildet, ist weder Marxist noch Medialisierungsforscher. Seine Antworten auf die Frage, warum der »Meinungskorridor«, den wir in den Massenmedien finden, gerade so eng zu sein scheint: Abschreiben, Indexing und Lobbyismus. Zu große Nähe zu denen, über die berichtet wird, und das, was er in seinem Buch etwas geheimnisvoll und bedrohlich »Die Verantwortungsverschwörung« nennt. Dazu gleich. Zunächst zur Herkunft der Journalisten: Man kommt aus ähnlichen Verhältnissen wie andere Entscheider, man besucht die gleichen Universitäten, man lebt ganz ähnlich und sieht die Welt dann auch nicht sehr viel anders. Krüger mit Blick auf die renommierten Schulen des Berufs: »Die Eliten suchen sich ihre Journalisten aus.« Später sprechen sie dann auch mit ihnen. In Berlin, in Brüssel, in Paderborn. Das wäre nicht gut, wenn du das jetzt so schreibst. Überleg doch mal. Die Indexing-These von Lance Bennett geht noch einen Schritt weiter: Journalisten würden schon über Konflikte in der Gesellschaft berichten, das ja. Bedingung: Die entsprechenden Ansichten müssen in der »offiziellen politischen Debatte« vorkommen, im Parlament zum Beispiel. Was das offizielle Berlin nicht diskutiert, erscheint nicht in den Massenmedien, und was Politik oder Wirtschaft nicht vorkauen, kann der Journalist nicht verdauen.

Die große Koalition fehlt in Krügers Buch, passt aber zum engen Meinungskorridor in der Indexwelt. Er schreibt dafür über den »Relativismus« im Medienmainstream: »Multikulturalität und Vielfalt, Weltoffenheit und Toleranz, Gleichstellung und Minderheitenschutz, Antidiskriminierung und Gender Mainstreaming – und gleichzeitig Ablehnung und Bekämpfung von allem, was in diesem Sinne nicht ›politisch korrekt‹ ist«. Ein paar Seiten weiter wird daraus die »Verantwortungsverschwörung«: Der Journalist weiß, was gut ist und was schlecht (so ziemlich das Gleiche, was die Herrschenden gut oder schlecht finden), und er glaubt, dass er Einfluss auf die Menschen hat. Also nichts Schlechtes über Rumänien und Bulgarien, nichts gegen Fremde, nichts Gutes über Tsipras und die AfD. Der Journalist als Erzieher, immer noch.[16]

Der Philosoph auch, schon von Berufs wegen. Alain de Botton etwa, der eine »Gebrauchsanweisung« für »Die Nachrichten« geschrieben hat, schimpft erst ein wenig und rettet sich dann in eine Utopie. Die Schelte folgt dem Muster von Nick Couldry: »Die Berichterstattung stellt die Probleme in einer Weise dar, dass sie unseren Willen oder auch unsere Fähigkeit einschränkt, uns etwas ganz anderes vorzustellen.« Nur Bruchstücke und kein Kontext. Dazu die »ständig wechselnde Agenda«, die uns permanent ablenke und verhindere, dass wir uns eine Meinung bilden. Man müsse Medien heute weder kontrollieren noch verbieten, weil schon die »Flut« der Berichte dafür sorge, dass der Status quo erhalten bleibt. Die Revolution fällt aus, weil es die Revolutionäre nicht einmal schaffen, sich auf den neuesten Stand zu bringen. Was tun? Alain de Botton: »Stolz«, »Durchhaltevermögen« und »Hoffnung« stärken, anstatt immer nur auf Fehlern rumzuhacken. »Über das ganz gewöhnliche Geschehen« im Ausland berichten und nicht mehr nur über das, was »schrecklich, blutig und mörderisch« ist. Promis so vorstellen, dass sie uns inspirieren. Friede, Freude, Eierkuchen.[17]

Öffentlichkeit als Auftrag

Die Frage sei wiederholt: Was erwarten wir vom Journalismus, von den Massenmedien? Und was wollen wir uns das am Ende kosten lassen? Wollen wir nur positive Nachrichten und aus dem Ausland auch in Presse und Fernsehen Reportagen nach Art der »Reiseliteratur«, wie Alain de Botton vorschlägt? Oder geht es eigentlich um Standortpolitik, um wirtschaftlich starke Medienunternehmen? Dann könnte man hier aufhören, denn in ihrer Existenz bedroht sind die großen Anbieter durch den Imperativ der Aufmerksamkeit nicht. ProSiebenSat.1 kauft eine Partnervermittlung (Parship Elite, im September 2016, 100 Millionen Euro für die Aktienmehrheit) und wird weiter Geld verdienen, so oder so. Burda, Bertelsmann, Springer: alle längst auf einem ähnlichen Weg. Bedroht ist, was soziale Funktionssysteme wie die Massenmedien für die Gesellschaft leisten sollen. Betonung auf »sollen« und damit offen für die Debatte. Schafft die Zwangsgebühren ab, legt ARD und ZDF zusammen: Da wird das Soll ziemlich schnell schrumpfen.

Hanns Joachim Friedrichs konnte sein Berufsethos noch auf eine einfache Formel bringen: informieren und aufklären, Punkt.[18] Ulrich Wickert weiß 20 Jahre später, dass es schwierig geworden ist, »den Vater des kategorischen Imperativs als Maßstab für Journalismus« zu benennen. »Meine ganz persönliche Ansicht«, liebe Kritiker. Aufklärung, trotz alledem. Macht von eurer »Vernunft in allen Bereichen öffentlichen Gebrauch«. Trennt Wichtiges von Unwichtigem, und lasst das Private privat bleiben. Wisset um Denktabus, verschleiert die Tatsachen nicht vor lauter politischer Korrektheit und gebt den Menschen stattdessen Orientierung. Beschäftigt euch mit Inhalten und Programmen und nicht mit der politischen Figur. Lernt die »Kunst des Unterlassens«.[19] Übersetzt: John Kerry und Joe Biden, natürlich. Aber nicht Radunfall und Familientrauer. Zumindest nicht ganz vorn, nicht als Aufmacher.

Man kann es auch eine Nummer kleiner haben als die Kant-Jünger Friedrichs und Wickert. »Öffentlichkeit als gesellschaftlicher Auftrag«, sagt der Journalismusforscher Horst Pöttker, sagen auch die Demokratietheoretiker, für die das System Massenmedien ein Marktplatz der Ideen ist, ein Feld der Verständigung oder ein Scharnier zwischen Staat und Bürgern. Pöttker hat schon 2001 »ein gerüttelt Maß an innerer Unsicherheit bei den Journalisten und ihren Auftraggebern« gefunden, »was Journalismus eigentlich tun und lassen soll, was man billigerweise von ihm (nicht) erwarten kann«, und vermutet, dass Journalisten eher »gegen äußere Einflüsse« gefeit wären und »Besseres leisten« könnten, wenn ihnen klarer wäre, welche »professionelle Aufgabe« sie zu erfüllen haben. Öffentlichkeit herstellen: Für Pöttker ist der Journalismus ein »Gegengewicht zur funktionalen Parzellierung« der Gesellschaft. Offen für alle, auch für alle Themen, weil »Geschlossenheit und Isoliertheit der gegebene Zustand« in der Moderne seien. Wichtig ist hier das Wörtchen »alle«. In der Doku »Vertrauen verspielt? Wie Medien um Glaubwürdigkeit kämpfen«, die am 11. Juli 2016 im *Ersten* lief, erzählt Ulrik Haagerup, Nachrichtenchef beim Dänischen Rundfunk, wie er nach und nach verstanden habe, dass die Zuschauer seine Sendung nur dann akzeptieren können, wenn sie selbst mit all ihren Sorgen und Nöten zu Wort kommen. Wenn auch die Parteien, die den Medieneliten nicht gefallen, gleichberechtigt behandelt werden. Horst Pöttkers »Qualitätsdimension Wahrheit«. Unabhängig, richtig, vollständig, wahrhaftig. »Öffentlichkeit muss hergestellt werden.«[20] Wenn man so will: das »Parlament der Funktionen oder Logiken«, das Armin Nassehi vorschlägt, um die Übersetzungskonflikte moderner Gesellschaften zu lösen.[21]

Identität und ein übergeordneter Sinn: Das sind zwei Eigenschaften, die die Resilienz von Menschen stärken und auch die Resilienz von sozialen Systemen.[22] Eine Religion zum Beispiel, eine politische Idee, eine Berufsideologie. Die Resilienzforschung gibt Horst Pöttker recht und adelt die Wahlkampfrhetorik von AfD und CSU, weil die Attacken auf den öffentlich-rechtlichen Rundfunk die Debatte befeuern. Was soll der Journalismus leisten, und was wollen wir dafür bezahlen? Dass hier etwas abfällig von Rhetorik gesprochen wird, hat mit der Resilienzbrille zu tun. Unterschiedliche Organisationsformen, Redundanz: Beides macht Organisationen, Gemeinschaften und soziale Funktionssysteme sturm- und wetterfest.[23] Also ja zur Triade Gebühren–Werbung–Pay-TV, ja zu *Tagesschau* und *heute*, ja zu neuen Ideen. Stiftungen und Mäzene, Zeitungen, die nur jeden dritten Tag erscheinen, und Altruisten, die unbezahlt bloggen: Warum nicht? Gut für das Publikum, gut für die Resilienz des Systems, genau wie zwei große öffentlich-rechtliche Nachrichtenredaktionen, weil Journalisten nichts häufiger tun, als ihre Kollegen zu beobachten, und daran auch die Qualität der eigenen Arbeit messen. An dieser Stelle nicht unwichtig: Auch kommerzielle Anbieter stärken die Resilienz des Systems – wenn es denn Konkurrenten gibt, die anders finanziert werden. Ein Hoch auf die Vielfalt. Und eine Absage an Julia Cagé, die den Kapitalismus für die Mutter aller Übel hält, dem Medienmarkt nicht zutraut, noch mehr Akteure zu verkraften, und als Ausweg einen Zwitter aus Stiftung und Aktiengesellschaft vorschlägt.[24]

Was lässt sich noch aus der Resilienzforschung lernen? Professionelle Skepsis. Transparenz. Selbstregulierung und Selbstkontrolle. Quer- und Andersdenker nicht nur dulden. Strukturen aufbauen, die sich vielleicht nicht sofort rechnen, aber erlauben, nach Störungen zu suchen.[25] Der Film *Spotlight* von Tom McCarthy porträtiert ein Redakteursteam in den USA, das monatelang an einem Thema arbeiten kann, ohne zu wissen, ob dabei etwas Druckbares entsteht. Hier das System katholische Kirche, das sexuellen Missbrauch deckt. Eine große Story und großer Widerstand. Von den Honoratioren, natürlich, aber auch im eigenen Haus. Die Medienkrise, 9/11. Jeder Reporter wird gebraucht. Das ist Hollywood, schon klar. Trotzdem: Der *Boston Globe* bekommt den Ruhm und *Spotlight* 2016 den Oscar, weil der Film nicht nur an sich großartig ist, sondern resiliente Strukturen porträtiert, die sich die Medienbranche wünscht und die sie braucht: ein Team, das jeder Unternehmensberater sofort entlassen hätte, und einen Chef, der in der Lage ist, sehr unterschiedliche Befindlichkeiten zu moderieren.

Öffentlichkeit als gesellschaftlicher Auftrag: Dazu braucht es den Popanz nicht, den Journalisten auch hierzulande vor sich hertragen. Objektiv und neutral, ausgewogen und vollständig: Wie soll das gehen, bitteschön? Was aber geht: drucken, senden, freischalten, was die Gesellschaft wissen muss, weil es viele angeht oder alle. Dazu sagen, woher man das Material hat, wem es möglicherweise helfen könnte und wie man selbst dazu steht. Horst Pöttker nennt das »professionelle Grundpflicht zum Publizieren«. Grundvoraussetzung: Medienfreiheit.[26] Deutschland ist nicht Frankreich, wo sich Unternehmer und Konzerne Tageszeitungen und TV-Kanäle leisten,[27] nicht Rumänien oder Bulgarien, wo Oligarchen das Gleiche tun, und auch nicht Mexiko, wo zwei riesige Medienunternehmen den gesamten Markt beherrschen und so eng mit den anderen Eliten verflochten sind, dass man gar nicht genau sagen kann, wer dort Politik macht und wer Fernsehen.[28] Trotzdem: Zur Freiheit gehört, dass es der Bundeskanzlerin egal ist, wer beim ZDF Chefredakteur wird, und dass die Staatskanzlei nicht beim Intendanten anruft, wenn der Bericht einer Landesrundfunkanstalt ganz oben missfallen hat.[29] Zur Freiheit gehört, sich ein Team wie *Spotlight* zu leisten und Dinge zu bringen, bei denen man schon vorher weiß, dass sie am Massengeschmack vorbeigehen. Zur Freiheit gehört auch, am »dominanten Narrativ« zu zweifeln[30] und nicht auf »positive Meldungen« verpflichtet zu werden, wie das zum Beispiel Ulrich Wickert vorschlägt, der die Redewendung »only bad news are good news« für zynisch hält,[31] ganz im Sinne von Alain de Botton. Nicht nur nebenbei: Erst diese Freiheiten machen den öffentlich-rechtlichen Rundfunk von kommerziellen Anbietern unterscheidbar und damit zu einem Resilienzverstärker.

Uwe Krüger, der Journalistenausbilder aus Leipzig, hat sich am Ende seines Buchs gewünscht, dass das Publikum »mit mehr Empathie als bisher auf die Bedingungen schauen« möge, »unter denen Journalisten ihre Inhalte produzieren«.[32] In der Literatur zur Resilienz heißt das: Fehlerfreundlichkeit und Fehlertoleranz. Nicht gleich aufschreien und dunkle Mächte am Werk vermuten, wenn ein Foto alt ist und falsch beschriftet, wenn der Redakteur aus lauter Not von *Wikipedia* abgeschrieben hat oder gar von einer Pressemeldung. Der Auftrag Öffentlichkeit könnte das erleichtern, weil er keine falschen Erwartungen weckt. Dieser Auftrag würde auch den Journalisten helfen, zumindest denen, die den Imperativ der Aufmerksamkeit nicht für den einzigen Leitstern halten, dem sie in ihrem Beruf folgen wollen.

Lasst die Medienrealität sein, was sie ist: Medienrealität

»Politik nutzt die Macht der Medien aus«, sagt Ulrich Wickert und meint damit das, was in diesem Buch als Medialisierung beschrieben wurde. Druck auf Redaktionen ausüben, dort um Posten schachern, sich so präsentieren, dass die Medien gar nicht anders können, als zu berichten. Wickert zitiert Laurenz Meyer, einst Generalsekretär der CDU, der der Meinung war, ein Politiker müsse ins Fernsehen: »Versuchen Sie doch mal, eine differenzierte Meinung in 13 oder 15 Sekunden darzulegen.« Falsch, sagt Wickert. Niemand muss, schon gar nicht ins Fernsehen. Leute wie Laurenz Meyer würden »die Sensationalisierung« nur noch fördern. Anlass ist hier ein CDU-Plakat zur Rentenpolitik, auf dem Bundeskanzler Schröder aussah wie ein Verbrecher. Ziel: ein Foto in allen Zeitungen und damit weniger Aufwand für das Plakatieren. Wickert: »Journalisten müssen solche Mätzchen nicht mitmachen, und Politiker sollten sie nicht nötig haben.«[33]

Wer hat recht? Ulrich Wickert oder Laurenz Meyer? Größer gefragt: Wie können soziale Funktionssysteme ihre Resilienz gegen die Bedrohung stärken, die vom Imperativ der Aufmerksamkeit ausgeht, und den Journalisten damit zugleich erleichtern, den Auftrag Öffentlichkeit zu erfüllen? Im Fall Laurenz Meyer: über die Solidarität in der Gesellschaft diskutieren und über den Generationenvertrag anstatt über ein missratenes Plakat zur Rentenpolitik und den Machtkampf in der CDU, der unweigerlich folgte. Geht das überhaupt, wenn die These stimmt, dass öffentliche Aufmerksamkeit und öffentliche Legitimation zur Leitwährung dieser Zeit geworden sind, ein knappes Gut, um das Parteipolitiker mit Behördenchefs streiten, mit Profisportlern, Künstlern, Wissenschaftlern? Gegen den Strich gelesen, kann dieses Buch im Kampf um Aufmerksamkeit sogar helfen. Es erzählt, was man tun muss, um die Selektionslogik eines Massenmediensystems zu bedienen, in dem es um Reichweite geht und um sonst (fast) nichts. Warum sollten wir etwas ändern, haben mich die bayerischen Beamten gefragt, die im Reich von Markus Söder dienen.[34] Läuft doch alles bestens.

Diese Beamten haben aber auch über den Druck geklagt, der von den Medien ausgeht. Von Berichten, die die eigene Behörde in ein schlechtes Licht rücken oder Nachfragen in der Bevölkerung auslösen. Von Journalisten, die anrufen und bedient werden müssen, eher gestern als heute. Von den Ideen, die der Minister und seine Adlaten haben, um diese Journalisten zu füttern. Alles Dinge, die Zeit und Ressourcen fressen und das blockieren, wofür man eigentlich da ist. Vielleicht ist deshalb ja schon viel gewonnen, wenn man verstanden hat, wie die Massenmedien Realität konstruieren. Dass sie überhaupt Realität konstruieren und kein Spiegel sind, der das Geschehen einfach abbildet. Dass sie Aufmerksamkeit wollen, koste es, was es wolle, und dass das Schicksal der Ministerin, des Trainers, der Leiterin dabei eher zweitrangig ist.

Die Kritik der Medienrealität, die dieses Buch liefert, versteht sich auch als Beitrag zur Medienkompetenz und wagt es deshalb, im Titel den Philosophen der Aufklärung anzurufen. Den Fernseher abschalten, wie Stefan Schulz vorschlägt? Auf »Nachrichtendiät« gehen und nur noch die Podcasts der Bundespressekonferenz hören?[35] Keine gute Idee. Die Medienrealität ist eine Realität erster Ordnung, die man kennen muss, um handeln zu können, um ernst genommen zu werden, um reagieren zu können, wenn etwas passiert, was einen wirklich betrifft. Frühwarnsystem und Überblick.[36] Das Gedächtnis der Gesellschaft, das »Hintergrundwissen«, von dem man bei jeder Kommunikation ausgehen kann.[37] Was halten die anderen gerade für wichtig, weil sie mit gutem Grund annehmen, dass alle darüber sprechen oder es wenigstens registriert haben? Trotzdem: Man kann einen Bericht aussitzen und auch eine ganze Welle an Berichten, wenn man diese Welle nicht selbst am Laufen hält oder die Journalisten immer wieder etwas finden, was so noch nicht berichtet wurde. Nach drei Tagen kommt eine neue Sau. Umgekehrt gilt: Wer diesen Geist ruft, darf nicht auf Kontrolle hoffen. Für Laurenz Meyer ist die Sache mit dem Schröder-Plakat nicht gut ausgegangen.

Was aus all dem folgt? Zunächst vielleicht: in uns gehen. Wie können wir selbst helfen, den Auftrag Öffentlichkeit zu erfüllen? An welchem Ast sägen wir, wenn wir den Imperativ der Aufmerksamkeit bedienen, obwohl wir gar nichts mit dem System Massenmedien zu tun haben? Uwe Krüger berichtet, dass deutschen Spitzenunternehmen dieses Problem bewusst ist. Der Arbeitskreis »Corporate Compliance« habe 2015 einen Kodex für die Medienarbeit in der Wirtschaft erlassen. Ziel: Journalismus und Werbung wieder trennen. Keine Gefälligkeitsartikel mehr kaufen zum Beispiel, über Anzeigen oder Product Placement. »Verkehrte Welt«, mein Krüger. »Konzerne wollen also die Medien vor sich selbst schützen.«[38] Genau. Das sollten nicht nur Konzerne tun. Aufgabe zwei, wieder abgeleitet aus der Resilienzforschung: Identität und Sinn stiften. Will ich mit meiner Kneipe ins Fernsehen oder in die schwarzen Zahlen? Muss ich ins Fernsehen, um in die schwarzen Zahlen zu kommen? Querdenker ermuntern, professionelle Skepsis fördern. Sich immer wieder fragen, worum es in dem sozialen Funktionssystem geht und in der Organisation, zu der man beiträgt, und welchen Stellenwert öffentliche Aufmerksamkeit und öffentliche Legitimation für diese Ziele haben. Manchmal einen großen, meist aber eher nicht. Für die Familie und das eigene Leben erübrigt sich ein solcher Appell an dieser Stelle, hoffentlich.

ANMERKUNGEN

1. Auftakt: Wie dieses Buch zu lesen ist

1 *Der Spiegel*, Nr. 13/1995, S. 112–119, hier 113
2 Alle Zitate: ebd., S. 114
3 Uwe Krüger: *Mainstream. Warum wir den Medien nicht mehr trauen*. München: C.H. Beck 2016, S. 10, 13, 15
4 Niklas Luhmann: *Die Realität der Massenmedien*. 2. Auflage. Opladen: Westdeutscher Verlag 1996, S. 8
5 Michael Meyen: Aufmerksamkeit, Aufmerksamkeit, Aufmerksamkeit. Eine qualitative Inhaltsanalyse zur Handlungslogik der Massenmedien. In: *Publizistik*, 60. Jg. (2015), Nr. 1, S. 21–39
6 *Bild-Zeitung* vom 31. März 1979 und vom 27. Mai 2002, S. 4 f.
7 Vor dem großen Spiel. *Süddeutsche Zeitung* vom 19. Mai 1960
8 Stefan Schulz: *Redaktionsschluss. Die Zeit nach der Zeitung*. München: Carl Hanser 2016, S. 230–235
9 *Der Spiegel*, Nr. 13/1995, S. 112–119, hier 113 f.
10 Hanns Joachim Friedrichs: *Journalistenleben*. Mit Harald Wieser. München: Droemer Knaur 1994
11 Ulrich Wickert: *Medien: Macht & Verantwortung*. Hamburg: Hoffmann und Campe 2016
12 Uwe Schimank: Gesellschaftliche Teilsysteme als Akteurfiktionen. In: *Kölner Zeitschrift für Soziologie und Sozialpsychologie*, 40. Jg. (1988), S. 619–639; Uwe Schimank: *Handeln und Strukturen*. Weinheim: Juventa 2010
13 Nino Landerer: Rethinking the logics: A conceptual framework for the mediatization of politics. In: *Communication Theory*, 23. Jg. (2013), S. 239–258
14 *Hör zu*, Nr. 15/1965, S. 20.

15 Wolfgang Donsbach, Danièle Dupré: Mehr Vielfalt oder »more of the same« durch mehr Kanäle? Möglichkeiten zum Unterhaltungsslalom im deutschen Fernsehen zwischen 1983 und 1991. In: Louis Bosshart, Wolfgang Hoffmann-Riem (Hrsg.): *Medienlust und Mediennutz.* Konstanz: UVK 1994, S. 229–247, hier 246

16 Wickert 2016, S. 30, 46, 52, 78

17 Brian Walker: *What is Resilience?* Project Syndicate 2013. http://www.project-syndicate.org/commentary/what-is-resilience-by-brian-walker (7. Januar 2015)

18 Vgl. exemplarisch Christina Berndt: *Resilienz. Das Geheimnis der psychischen Widerstandskraft. Was uns stark macht gegen Stress, Depressionen und Burn-out*. München: Deutscher Taschenbuch Verlag 2015

19 Andrew Zolli, Ann Marie Healy: Resilience: *Why Things Bounce Back*. New York: Simon & Schuster Paperbacks 2013

20 Michael Meyen, Maria Karidi, Silja Hartmann, Matthias Weiß, Martin Högl: Der Resilienzdiskurs. Eine Foucault'sche Diskursanalyse. In: *Gaia*, 26. Jg. (2017), Sonderheft 1, S. 166–173

21 Luhmann 1996, S. 43, 120–122

22 Vgl. Michael Meyen, Maria Löblich: *Klassiker der Kommunikationswissenschaft*. Konstanz: UVK 2006, S. 277–296

23 Niklas Luhmann: »Die Realität der Massenmedien«. Interview von Wolfgang Hagen. *Radio Bremen*, 9. Oktober 1997

24 Vgl. Michael Schenk: *Medienwirkungsforschung*. 3. Auflage. Tübingen: Mohr Siebeck 2007

25 Inga Huck, Hans-Bernd Brosius: Der Third-Person-Effekt – Über den vermuteten Einfluss der Massenmedien. In: *Publizistik*, 52. Jg. (2007), S. 355–374; W. Phillips Davison: The third person effect in communication. In: *Public Opinion Quarterly*, 47. Jg. (1983), S. 1–15

26 William I. Thomas, Dorothy S. Thomas: *The child in America. Behavior problems and programs*. New York: Alfred A. Knopf 1928, S. 572

27 Albert C.; Gunther, J. Douglas Storey: The Influence of Presumed Influence. In: *Journal of Communication*, 53. Jg. (2003), S. 199–215

28 David L. Altheide, Robert P. Snow: *The Media Logic*. Beverly Hills, CA: Sage 1979

29 Vgl. Frank Esser: Mediatization as a Challenge: Media Logic versus Political Logic. In: Hanspeter Kriesi (Hrsg.): *Democracy in the Age of Globalization and Mediatization*. Basingstoke: Palgrave Macmillan 2013, S. 155–176; Michael Meyen, Markus Thieroff, Steffi Strenger: Mass Media Logic and The Mediatization of Politics. A theoretical framework. In: *Journalism Studies*, 15. Jg. (2014), 271-288

30 David L. Altheide: Media Logic, Social Fear, and Control. In: *Communication Theory*, 23. Jg. (2013), S. 223–238

31 Die ARD/ZDF-Langzeitstudie Massenkommunikation hat 2015 für Personen ab 14 Jahren eine »Nutzungsdauer aller Medien« von 566 Minuten am Tag gemessen (5 bis 24 Uhr). 51 Minuten davon entfielen auf die parallele Nutzung mehrerer Angebote, so dass netto 515 Minuten bleiben. 2005 lag dieser Wert bei 555 und 2010 bei 533 Minuten. Vgl. Stefanie Best, Marlene Hendel: Parallele Mediennutzung stagniert. Ergebnisse der ARD/ZDF-Langzeitstudie Massenkommunikation. In: *Media Perspektiven 2015*, S. 542–563, hier 543

32 Altheide 2013, S. 225

33 Nick Couldry: *Media, Society, World. Social Theory and Digital Media Practice*. Cambridge: Polity Press 2012

34 Wickert 2016

35 Vgl. Waldemar Hartmann: *Dritte Halbzeit*. München: Heyne 2013

36 Schulz 2016, S. 214

37 Harald Welzer: *Die smarte Diktatur. Der Angriff auf unsere Freiheit*. Frankfurt/Main: S. Fischer 2016, S. 29

38 Armin Nassehi: *Die letzte Stunde der Wahrheit. Warum rechts und links keine Alternativen mehr sind und Gesellschaft ganz anders beschrieben werden muss*. Hamburg: Murmann 2015, S. 135–139

39 Ebd., S. 265

40 Hartmut Rosa: *Resonanz. Eine Soziologie der Weltbeziehung*. Berlin: Suhrkamp 2016, S. 520

41 Hartmut Rosa: *Beschleunigung. Die Veränderung der Zeitstrukturen in der Moderne*. Frankfurt/Main: Suhrkamp 2005

42 Rosa 2016, S. 18 f., 25

43 Ebd., S. 151–157

44 Ebd., S. 225 f., 229, 267, 311

45 Ebd., S. 178, 208 f., 615, 622, 686 f.

46 http://medialogic.hypotheses.org/

2. Medienlogik: Wie Journalisten heute Realität erschaffen
»Wir sagen, wann es kalt ist«

1 Dieses und die folgenden Michel-Zitate: Videomitschnitt der Sendung vom 7.07.1974, im Besitz des Verfassers

2 Dieses und die folgenden Hoeneß-Zitate: *Süddeutsche Zeitung* vom 17. Mai 2010, http://www.sueddeutsche.de/sport/interview-mit-uli-hoeness-viel-bier-viel-wein-wahnsinn-1.300617

3 Nils Havemann: *Samstags um halb vier. Die Geschichte der Fußballbundesliga*. München: Siedler 2013, S. 431

4 Vgl. Ronald Reng: *Spieltage. Die andere Geschichte der Bundesliga*. München: Piper 2013, S. 378; Gerold Sattlecker, Minas Dimitriou: Neue Vielfalt bei Sportevents. In: Daniel Beck, Steffen Kolb (Hrsg.): *Sport und Medien*. Zürich: Rüegger 2009, S. 35–49

5 Dietrich Leder: Von den vermissten Bildern zu ihrer Überfülle. In: Dietrich Leder, Hans-Ulrich Wagner (Hrsg.): *Sport und Medien*. Köln: Herbert von Halem 2011, S. 52–70, hier 60

6 Uwe Schimank: Gesellschaftliche Teilsysteme als Akteurfiktionen. In: *Kölner Zeitschrift für Soziologie und Sozialpsychologie*, 40. Jg. (1988), S. 619–639

7 Vgl. Niklas Luhmann: *Die Realität der Massenmedien*. 2. Auflage. Opladen: Westdeutscher Verlag 1996; Manfred Rühl: *Journalismus und Gesellschaft. Bestandsaufnahme und Theorieentwurf*. Mainz: von Hase & Köhler 1980; Alexander Görke: *Risikojournalismus und Risikogesellschaft. Sondierung und Theorieentwurf*. Opladen: Westdeutscher Verlag 1999; Frank Marcinkowski: *Publizistik als autopoietisches System. Politik und Medien. Eine systemtheoretische Analyse*. Opladen: Westdeutscher Verlag 1993; Matthias Kohring: *Vertrauen in Journalismus. Theorie und Empirie*. Konstanz: UVK 2004

8 Vgl. Michael Meyen, Maria Löblich: *Klassiker der Kommunikationswissenschaft*. Konstanz: UVK 2006, S. 277–296, hier 288 f.

9 Armin Nassehi: *Die letzte Stunde der Wahrheit. Warum rechts und links keine Alternativen mehr sind und Gesellschaft ganz anders beschrieben werden muss*. Hamburg: Murmann 2015

10 18. Rundfunkänderungsstaatsvertrag, in Kraft seit 1. Januar 2016

11 Uwe Schimank: *Handeln und Strukturen*. Weinheim: Juventa 2010

12 Interview mit Claudia Duchêne am 18. Juli 2011 im Masterprojekt Medialisierung des Fußballs an der LMU München. Tonband und Transkript beim Autor

13 Interview mit Christof Kneer am 18. Oktober 2011 im Masterprojekt Medialisierung des Fußballs an der LMU München. Tonband und Transkript beim Autor

14 David L. Altheide, Robert P. Snow: *The Media Logic*. Beverly Hills, CA: Sage 1979; vgl. Kapitel 1

15 14 Gianpietro Mazzoleni: Media Logic. In: Wolfgang Donsbach (Hrsg.): *The International Encyclopedia of Communication*. Malden: Wiley-Blackwell 2008, S. 2930–2932, hier 2931

16 Die Details zu den meisten dieser Gespräche sind dokumentiert in Markus Thieroff: *Medienlogik reloaded? Tagesaktuelle Berichterstattung von Online- und Offline-Medien im Vergleich*. Dissertation. LMU München: Institut für Kommunikationswissenschaft und Medienforschung 2016

17 Vgl. Jakob J. E. Vicari: *Blätter machen. Bausteine zu einer Theorie journalistischer Komposition*. Köln: Herbert von Halem 2014

18 Für die Details der Untersuchung vgl. Michael Meyen: Aufmerksamkeit, Aufmerksamkeit, Aufmerksamkeit. Eine qualitative Inhaltsanalyse zur Handlungslogik der Massenmedien. In: *Publizistik*, 60. Jg. (2015), S. 21–39

19 Für die Details der Untersuchung vgl. Maria Karidi: *Medienlogik im Wandel. Wie sich verändernde Akteur-Struktur-Dynamiken in den Inhalten der Nachrichtenmedien widerspiegeln*. Wiesbaden: Springer VS 2017

20 Vgl. Siegfried Weischenberg, Maja Malik, Armin Scholl: *Die Souffleure der Mediengesellschaft. Report über die Journalisten in Deutschland*. Konstanz: UVK 2006, S. 102, 106, 284

21 Wortlautprotokolle unter dipbt.bundestag.de; vgl. Pablo B. Jost, Michael Süfflow, Marcus Maurer: »Das können Sie morgen in der Zeitung lesen«. Wie die Massenmedien über die Generaldebatten im Bundestag berichten und wie die Politik darauf reagiert. In: *Publizistik*, 60. Jg. (2015), S. 5–20

22 *Bild-Zeitung* vom 9. November 1995, S. 2; *Süddeutsche Zeitung* vom 9. November 1995, S. 2

23 *Süddeutsche Zeitung* vom 24. November 2011, S. 5

24 Nico Fried: Ihr mich auch. *Süddeutsche Zeitung* vom 7. September 2016, S. 3

25 *Süddeutsche Zeitung* vom 14./15. November 1959, S. 1, 2; vgl. Bianca Kellner-Zotz, Philip Röder: *Es war einmal ein König … Eine Analyse der Medienlogik der deutschen Tageszeitungen am Beispiel der SPD-Parteitage 1959, 1989, 1998 und 2007*. Seminararbeit. LMU München: Institut für Kommunikationswissenschaft und Medienforschung 2013

26 *Süddeutsche Zeitung* vom 16. November 1959, S. 2

27 »Sozialdemokraten auf neuem Kurs«, *Süddeutsche Zeitung* vom 16. November 1959, S. 1 und 2

28 *Bild-Zeitung* vom 13. November 1959, S. 2, 16. November 1959, S. 2

29 *Bild-Zeitung* vom 27. Oktober 2007, S. 2

30 *Münchener Merkur* vom 27. Oktober 2007, S. 2

31 *Süddeutsche Zeitung* vom 29. Oktober, S. 3

32 *Süddeutsche Zeitung* vom 27./28. Oktober 2007, S. 7

33 *Süddeutsche Zeitung* vom 23. Oktober 2007, S. 5

34 *Süddeutsche Zeitung* vom 26. Oktober 2007, S. 2

35 Mirko Marr, Frank Marcinkowski: Prominenz als Bedrohung – Zur Medialisierung des Spitzensports. In: *Medien + Erziehung. Zeitschrift für Medienpädagogik*, 50. Jg. (2006), Nr. 6, S. 63–73, hier 66

36 *Bild-Zeitung* vom 19. Oktober 2012, S. 5

37 *Münchner Merkur* vom 27. Dezember 1999, S. 11 und vom 29. Dezember 1999, S. 12

38 Vgl. Michael Meyen, Claudia Riesmeyer: *Diktatur des Publikums. Journalisten in Deutschland*. Konstanz: UVK 2009

39 Bernhard Pörksen: »Seht her, die nackte Seele!« In: *Die Zeit* vom 6. März 2014, S. 52

40 *Münchner Merkur* vom 19. Januar 2007, S. 6

41 *Süddeutsche Zeitung* vom 13. Januar 2000, S. 25

42 *Süddeutsche Zeitung* vom 2. Januar 2012, S. 10

43 *Bild-Zeitung* vom 10. August 2012, S. 15

44 *Süddeutsche Zeitung* vom 4. Juli 2002, S. 39

45 *Münchner Merkur* vom 31. Oktober 2012, S. 26

46 Vicari 2014, S. 154 f.

47 Ebd., S. 145

48 Ebd., S. 156

49 Ebd., S. 165, 172

50 Ebd., S. 174

51 Uwe Krüger: *Mainstream. Warum wir den Medien nicht mehr trauen*. München: C.H. Beck 2016, S. 28 f.

52 Vgl. *Süddeutsche Zeitung* vom 25. Juli 2012, S. V2/8; 3. November 2012, S. 26; 31. Oktober 2012, S. 12

53 *Süddeutsche Zeitung* vom 2. Januar 2012, S. 10

54 *Bild-Zeitung* vom 25. März 2003, S. 20

55 *Münchner Merkur* vom 31. Oktober 2012, S. 26

56 *Bild-Zeitung* vom 27. Mai 2002, S. 1

57 Interview mit Hans-Peter Pull im Sommersemester 2011 im Masterprojekt Medialisierung des Fußballs an der Universität München. Tonband und Transkript beim Autor

58 Michael Meyen: *Hauptsache Unterhaltung. Mediennutzung und Medienbewertung in Deutschland in den 50er Jahren*. Münster: Lit 2001, S. 138

59 Stefan Schulz: *Redaktionsschluss. Die Zeit nach der Zeitung*. München: Carl Hanser 2016, S. 31 f., 40

60 Karidi 2017, S. 130

61 Ebd., S. 113

62 Ebd., S. 118

63 *Bild-Zeitung*, 1984/2014. Emotion: 19,2/18,4 Prozent; Negativität: 43,0/46,7 Prozent; Konflikt: 7,9/9,3 Prozent; Sensation: 5,2/6,2 Prozent; Skandale: 7,6/9,7 Prozent. Karidi 2017, S. 110, 166

64 Ebd., S. 166

65 Ebd., S. 110

66 Pörksen 2014

67 Thomas Meyer: *Die Unbelangbaren. Wie politische Journalisten mitregieren*. Berlin: Suhrkamp 2015, S. 7–10, 17, 27, 39, 68, 75, 78 f., 151, 171

3. Medialisierung I: Wie der Spitzensport zur Show wurde Das Fernsehen sagt, wie gespielt wird und wer gewinnt

1 Vgl. Jonathan Wilson: *Revolution auf dem Rasen. Eine Geschichte der Fußballtaktik*. Göttingen: Verlag Die Werkstatt 2011, S. 36

2 Vgl. Kapitel 2

3 Christoph Biermann: *Die Fußball-Matrix. Auf der Suche nach dem perfekten Spiel*. Köln: Kiepenheuer & Witsch 2010, S. 11

4 Ebd., S. 48, 54, 103, 144, 156

5 Ebd., S. 44 f., 70

6 Vgl. Michael Meyen: Theorie der Medialisierung. Eine Erwiderung auf Anna M. Theis-Berglmair. In: *Medien & Kommunikationswissenschaft*, 62. Jg. (2014a), S. 645–655, hier 650

7 Harald Welzer: *Die smarte Diktatur. Der Angriff auf unsere Freiheit*. Frankfurt/Main: S. Fischer 2016, S. 29

8 Theo Zwanziger: *Die Zwanziger Jahre*. Berlin: Bloomsbury 2012, S. 251

9 Reiner Calmund: *Fußballbekloppt! Autobiographie*. München: Goldmann 2009, S. 73 f., 99 f., 136 f.

10 Meyen 2014a, S. 647; vgl. Michael Meyen: Medialisierung des deutschen Spitzenfußballs. In: *Medien & Kommunikationswissenschaft*, 62. Jg. (2014b), S. 377–394; dort auch Angaben zu Untersuchungsmethoden und Quellen, die hier nicht im Detail nachgewiesen werden

11 Oliver Fürtjes: *Fußballfans im sozialen Wandel: Der Fußball und seine Entproletarisierung. Eine empirische Analyse*. Bremen: Diplomica Verlag 2009

12 Vgl. Nils Havemann: *Samstags um halb vier. Die Geschichte der Fußballbundesliga*. München: Siedler 2013; Ronald Reng: *Spieltage. Die andere Geschichte der Bundesliga*. München: Piper 2013

13 Thomas Kistner: *Schuss. Die geheime Dopinggeschichte des Fußballs*. München: Droemer 2015

14 Vgl. etwa Andreas Frey, Michael Brendler: Die wollen doch nur spielen. Doping im Fußball. *Frankfurter Allgemeine Zeitung* vom 17. Juni 2016

15 Interview von Cornelius Pollmer, *Süddeutsche Zeitung* vom 5. Juli 2016; vgl.: Die Fernsehlogik und Joachim Löws Espresso: http://medialogic.hypotheses.org/778

16 *Spiegel*, Nr. 42/1998, S. 298

17 Interview am 13. Februar 2012. Transkript beim Autor

18 Interview am 23. November 2011 in der Tennisschule Anzing. Transkript beim Autor

19 Vgl. Havemann 2013, S. 415

20 Vgl. Waldemar Hartmann: *Dritte Halbzeit*. München: Heyne 2013

21 Interview von Carolin Perger in der Geschäftsstelle des FC Bayern am 13. Juli 2009. Transkript beim Autor

22 Christoph G. Grimmer: *Kooperation oder Kontrolle? Eine empirische Untersuchung zum Spannungsverhältnis von Pressesprechern in der Fußball-Bundesliga und Journalisten*. Köln: Herbert von Halem 2014

23 Ebd., S. 224

24 Ebd., S. 237–239

25 Vgl. Reng 2013, S. 101, Havemann 2013, S. 192

26 Interview mit Roland Eitel am 21. Dezember 2011. Transkript beim Autor

27 Vgl. Michael Rosentritt: *Sebastian Deisler*. München: Knaur 2010

28 Jens Lehmann: *Die Wahrheit liegt auf dem Platz*. München: Heyne 2011, S. 187–201

29 Vgl. Havemann 2013

30 Reng 2013, S. 465

31 Ebd., S. 378

32 Ebd., 2013, S. 400; Lothar Matthäus: *Mein Tagebuch*. Berlin: Sportverlag 1997; Lothar Matthäus: *Ganz oder gar nicht*. Köln: Lübbe 2012

33 Interview mit Claudia Duchêne am 18. Juli 2011 im Masterprojekt Medialisierung des Fußballs an der LMU München. Tonband und Transkript beim Autor

34 Interview mit Manfred Schulte im Masterprojekt Medialisierung des Fußballs an der LMU München (2011). Transkript beim Autor

35 Vgl. Uli Borowka: *Volle Pulle*. Hamburg: Edel 2012; Stefan Effenberg: *Ich hab's allen gezeigt*. Berlin: Rütten & Loening 2003; Toni Schumacher: *Anpfiff*. München: Droemer 1987; Matthäus 1997, 2012

36 Interview mit Hans-Peter Pull im Sommersemester 2011 im Masterprojekt Medialisierung des Fußballs an der LMU München. Tonband und Transkript beim Autor

37 Interview mit Claudia Duchêne am 18. Juli 2011

38 Pascal Stefan: *Selfmade-Mann, Stollenschuh-Manager oder Kamera-Ästhet? Eine qualitative Studie zur Medialisierung des deutschen Spitzenfuß-*

balls auf Management-Ebene. Bachelor-Arbeit. LMU München: Institut für Kommunikationswissenschaft und Medienforschung 2015, S. 20

39 Ebd., S. 26, 32

40 Ebd., S. 22 f.

41 Vgl. Havemann 2013, S. 457–460, 492, 514

42 Reng 2013, S. 245

43 Zu den Details vgl. Meyen 2014b, S. 389

44 Ebd., S. 386

45 Havemann 2013, S. 235

46 Reng 2013, S. 57

47 Havemann 2013

48 Stephanie Heinecke: *Fit fürs Fernsehen? Die Medialisierung des Spitzensports als Kampf um Gold und Sendezeit*. Köln: Herbert von Halem 2014, S. 309

49 Ebd., S. 287–339

50 Ebd., S. 391–437

51 *taz* vom 7. Januar 2012, vgl. Heinecke 2014, S. 426

52 Heinecke 2014, S. 405

53 Vgl. Marco Dohle, Gerhard Vowe, Christian Wodtke: 2 Millimeter Unterschied. Eine Inhaltsanalyse von Regeländerungen zur Überprüfung von Mediatisierungstendenzen im Sport. In: Daniel Beck, Steffen Kolb (Hrsg.): *Sport und Medien*. Zürich: Rüegger 2009, S. 159–178

54 Für mehr Details und die Untersuchungsmethode vgl. Meyen 2014b

55 Vgl. Heinecke 2014, S. 448–459

56 Vgl. Johanna Röhr: »Tennis muss immer Tennis bleiben!« In: Michael Meyen, Maria Karidi (Hrsg.): *Medialisierung. Medienlogik und sozialer Wandel*. Working Paper 2015 (https://medialogic.hypotheses.org/500, 30. August 2016); Isabella Hauptmann: Schillernde Spieler mit goldenen Nasen. Eine qualitative Untersuchung zur Medialisierung im Tennis. Ebd. (http://medialogic.hypotheses.org/123, 12. September 2016)

57 Vgl. Peter Bieg: Die stärkste Liga Europas. Eine Untersuchung zur Medialisierung der Basketball-Bundesliga in Deutschland. Ebd. 2016 (http://medialogic.hypotheses.org/587, 12. September 2016)

58 Vgl. Hans-Jörg Stiehler: Mediatisierung des Sports: das Erfolgsmodell Biathlon. In: Judith Kretzschmar, Florian Mundhenke (Hrsg.): *Von der Flimmerkiste zum IP-TV*? München: Meidenbauer 2012, S. 131–146

59 Heinecke 2014, S. 185

4. Medialisierung II: Wie unsere Welt Medienrealität wird
In der Schule, im Büro, in der Partei: Gut aussehen und gut rüberkommen

1 Vgl. Hans-Jörg Stiehler: Zuschauersport und Mediensport – eine verspätete Keynote. In: *Journal für Sportkommunikation und Mediensport,* Bd. 1, Nr. 1-2 (2016), online: http://comstrat.de/oj/index.php/anzeigetafel/article/view/18 (16. Januar 2018).

2 Vgl. Nils Havemann: *Samstags um halb vier. Die Geschichte der Fußballbundesliga*. München: Siedler 2013

3 Vgl. zum Beispiel Deutsche Fußball-Liga setzt auf Kooperation mit der gedruckten Presse. In: BDZV 2002 http://www.bdzv.de/nachrichten-und-service/branchennachrichten/artikel/detail/deutsche_fussball_liga_setzt_auf_kooperation_mit_der_gedruckten_presse/ (29. August 2016)

4 Roman Deininger: Hab' ich euch! *Süddeutsche Zeitung* vom 23. Juli 2016, Buch Zwei

5 Vgl. Clemens Haustein: *Gemeinsam im Dienst der »Hochkultur«? Die Felder Musikjournalismus und Musik-PR und ihr Verhältnis zueinander – eine Untersuchung im lokalen Raum*. Masterarbeit. LMU München: Institut für Kommunikationswissenschaft und Medienforschung 2010

6 Patricia Ott, Alexis Mirbach: Der medialisierte Krieg um die Besten. In: Michael Meyen, Maria Karidi (Hrsg.): *Medialisierung. Medienlogik und sozialer Wandel.* Working Paper 2015 (https://medialogic.hypotheses.org/360, 30. August 2016)

7 Vgl. Romy Fröhlich: Befunde der PR-Berufsfeldforschung in Deutschland. In: Romy Fröhlich, Peter Szyszka, Günter Bentele (Hrsg.): *Handbuch der Public Relations. Wissenschaftliche Grundlagen und berufliches Handeln. Mit Lexikon*. 3. Auflage. Wiesbaden: Springer VS 2015, S. 554–569, hier 556, 558–561; Günter Bentele, Stefan Wehmeier: Berufsfeld. Ebd., S. 1095

8 Patrick Donges: *Medialisierung politischer Organisationen. Parteien in der Mediengesellschaft*. Wiesbaden: VS Verlag für Sozialwissenschaften 2008, S. 161–215

9 Vgl. Günter Bentele, Uwe Dolderer, Ronny Fechner, René Seidenglanz: *Profession Pressesprecher 2012. Vermessung eines Berufsstandes*. Berlin: Helios Media 2012, S. 35 f., 43

10 Stefan Schulz: *Redaktionsschluss. Die Zeit nach der Zeitung*. München: Carl Hanser 2016, S. 214

11 Vgl. Hanna Schmalenbach: Hörwick verlässt Bayern – und er wird sein Nachfolger. *tz.de* vom 8. Juli 2016

12 Vgl. Kai Hinrich Renner: Bayern München kauft wieder ein. *Handelsblatt* vom 13. März 2015

13 Vgl. Beziehungsspiele: Universität, Wissenschaft und Journalismus. In: *Resilienz 2014* (https://resilienz.hypotheses.org/16, 30. August 2016)

14 Vgl. Matthias Kohring, Frank Marcinkowski, Christian Lindner, Sarah Karis: Media orientation of German university decision makers and the executive influence of public relations. In: *Public Relations Review*, 39. Jg. (2013), S. 171–177

15 Vgl. Andreas M. Scheu, Anna-Maria Volpers, Annika Summ, Bernd Blöbaum: Medialization of Research Policy: Anticipation of and Adaptation to Journalistic Logic. In: *Science Communication*, 36. Jg. (2014), S. 706–734

16 Vgl. Mike S. Schäfer: *Vom Elfenbeinturm in die Gesellschaft: Wissenschaftskommunikation im Wandel.* Universität Zürich: Institut für Publizistikwissenschaft und Medienforschung 2014, S. 18–20 (http://www.ssoar.info/ssoar/handle/document/38915, 5. September 2016)

17 Jennings Bryant: I helped the discipline mature. In: Michael Meyen: 57 Interviews with ICA Fellows. *International Journal of Communication*, 6. Jg. (2012), S. 1507–1514, hier 1510

18 Lisa Hasenbein: Bekannt – beliebt – bewundert. Eins mit Stern für das Schulprofil. Wie die massenmediale Logik Schule und Bildung verändert. In: Michael Meyen, Maria Karidi (Hrsg.): *Medialisierung. Medienlogik und sozialer Wandel.* Working Paper 2016, S. 11 (https://medialogic.hypotheses.org/542, 31. August 2016)

19 Vgl. Bärbel Krauß: Truppe punktet mit Videos im Netz. *Stuttgarter Zeitung* vom 22. Januar 2014

20 Antje Laenen: *Pressefeldwebel und Social-Media-Manöver. Der Kampf der Bundeswehr um die öffentliche Aufmerksamkeit.* Bachelorarbeit. Universität München: Institut für Kommunikationswissenschaft und Medienforschung 2015, S. 19, 21, 31; vgl. Maria Karidi: Medialisierung des Militärs. In: Michael Meyen, Maria Karidi (Hrsg.): *Medialisierung. Medienlogik und sozialer Wandel.* Fundstück 2016 (http://medialogic.hypotheses.org/741, 6. September 2016)

21 Vgl. Kapitel 1; Nick Couldry: *Media, Society, World. Social Theory and Digital Media Practice.* Cambridge: Polity Press 2012

22 Kjersti Thorbjørnsrud, Tine Ustad Figenschou, Øyvind Ihlen: Mediatization in Public Bureaucracies: A Typology. In: *Communications: The European Journal of Communication Research*, 39. Jg. (2014), Nr. 1, S. 3–22

23 Alle Zitate und Interviewausschnitte zur Justiz aus Andreas Wenleder: Im Namen des Volkes: Alle mal herhören! Wie Richter ihr Handeln an die Logik der Medien anpassen – eine qualitative Analyse zur Medialisierung der Rechtsprechung. In: Michael Meyen, Maria Karidi (Hrsg.): *Medialisierung. Medienlogik und sozialer Wandel.* Working Paper 2015 (http://medialogic.hypotheses.org/509, 5. September 2016)

24 Alle Zitate und Interviewausschnitte zur Schule aus Hasenbein 2016

25 Dirk Stötzer: *Superlehrer, Superschule, supergeil: Der beste Beruf der Welt.* München: Goldmann 2015

26 Markus Metjeschk: Ein Schuh ist ein Schuh ist ein Schuh. Oder doch nicht? Wie die massenmediale Handlungslogik Design und Präsentation der adidas-Fußballschuhe beeinflusst. In: Michael Meyen, Maria Karidi (Hrsg.): *Medialisierung. Medienlogik und sozialer Wandel.* Working Paper 2015 http://medialogic.hypotheses.org/98 (1. September 2016)

27 Kassian Stroh: Siemens bekennt sich zu seinen Wurzeln. *Süddeutsche Zeitung* vom 24. Juni 2016

28 Angelika Slavik: Symbole aus Beton. *Süddeutsche Zeitung* vom 15./16. Juni 2013

29 Gerhard Matzig: Das Bad ist jetzt frei. *Süddeutsche Zeitung* vom 25. Juli 2015

30 Till Briegleb: Studienplatz de luxe. *Süddeutsche Zeitung* vom 4. Juli 2016

31 Luise Heuser: Tierisch medialisiert. Wie sich Zoos die Prinzipien der Medienlogik zunutze machen. In: Michael Meyen, Maria Karidi (Hrsg.): *Medialisierung. Medienlogik und sozialer Wandel.* Working Paper 2015. https://medialogic.hypotheses.org/312 (2. September 2016)

32 Alle Zitate und Interviewausschnitte zum Kino aus Sophie Schlögel: Medialisierung des Kinos. In: Michael Meyen, Maria Karidi (Hrsg.): *Medialisierung. Medienlogik und sozialer Wandel.* Working Paper 2016 (https://medialogic.hypotheses.org/724, 2. September 2016)

33 Alle Zitate und Interviewausschnitte zum Theater aus Andreas Wenleder: Bühnenfernsehen. Wie das Theater die Logik der Massenmedien übernimmt. In: Michael Meyen, Maria Karidi (Hrsg.): *Medialisierung. Medienlogik und sozialer Wandel.* Working Paper 2015 (https://medialogic.hypotheses.org/92, 2. September 2016)

34 Simon Book, Karin Christmann, Johan Dehoust, Kristin Haug, Christian Wermke: *Die Grünen und die Medien. Medialisierung der Politik.* Seminararbeit. LMU München: Institut für Kommunikationswissenschaft und Medienforschung 2010; vgl. Maria Karidi: Von Saarbrücken nach Rostock. In: Michael Meyen, Maria Karidi (Hrsg.): *Medialisierung. Medienlogik und sozialer Wandel.* Fundstück 2016 (http://medialogic.hypotheses.org/807, 2. September 2016)

35 Vgl. Thorsten Denkler: Willkommen im Wollfilzrock. *Süddeutsche Zeitung* vom 17. November 2008

36 Katarina Bader: *Medialisierung der Parteien, Politisierung der Medien. Interdependenzen zwischen Medien und Politik im postsozialistischen Polen.* Wiesbaden: Springer VS 2013, S. 37 f.

37 Daria Gordeeva: Im Zangengriff der Massenmedien? Eine inhaltsanalytische Untersuchung von Politiker-Reden auf den CDU- und SPD-Parteitagen (1950 bis 2011). In: Michael Meyen, Maria Karidi (Hrsg.): *Medialisierung. Medienlogik und sozialer Wandel.* Working Paper 2015, S. 7, 12 f. (https://medialogic.hypotheses.org/485, 5. September 2016)

38 Anna Rabe: Spieglein, Spieglein an der Wand, gewinnt nur noch der schönste Politiker im Land? In: Michael Meyen, Maria Karidi (Hrsg.): *Medialisierung. Medienlogik und sozialer Wandel.* Working Paper 2015 (https://medialogic.hypotheses.org/392, 5. September 2016)

39 Vgl. Karl Nessmann: Personal Communication Management – Eine verantwortungsvolle Aufgabe. In: *pr-magazin*, 39. Jg. (2008), Nr. 11, S. 61–66

40 Alle Zitate und Interviewausschnitte zum Management aus Simone Maier: Mehr Schein als Sein? Zur Medialisierung des Managements in deutschen Unternehmen. In: Michael Meyen, Maria Karidi (Hrsg.): *Medialisierung. Medienlogik und sozialer Wandel.* Working Paper 2015 (http://medialogic.hypotheses.org/142, 6. September 2016)

41 Joseph T. Halford, Hung-Chia Hsu: Beauty is Wealth: CEO Appearance and Shareholder Value. In: *Social Science Research Network*, 2014 (http://dx.doi.org/10.2139/ssrn.2357756, 6. September 2016)

42 Adrienne Braun: Katerstimmung. *Süddeutsche Zeitung* vom 23. Juni 2016

43 Vgl. Bianca Kellner-Zotz: Der medialisierte Papst. In: Michael Meyen, Maria Karidi (Hrsg.): *Medialisierung. Medienlogik und sozialer Wandel.* Fundstück 2015 (http://medialogic.hypotheses.org/264, 6. September 2016)

44 Christian Klenk: Franziskus – der Medienstar. In: *Communicatio Socialis*, 47. Jg. (2014), Nr. 1, S. 72–93, hier 72

45 *Christ in der Gegenwart*, Heft 40/2012; vgl. Klenk 2014, S. 91

5. Medialisierung III: Wie wir selbst Medienrealität werden Kochen, feiern, Urlaub machen: Alles für die Show

1 David L. Altheide: Media Logic, Social Fear, and Control. In: *Communication Theory*, 23. Jg. (2013), S. 223–238, hier 225

2 Leon Festinger: A Theory of Social Comparison Processes. In: *Human Relations*, 7. Jg. (1954), S. 117–140; vgl. Michael Meyen: *Mediennutzung. Me-*

diaforschung, Medienfunktionen, Nutzungsmuster. Konstanz: UVK 2004, S. 25 f.

3 Vgl. zum Beispiel Kurt Imhof, Peter Schulz (Hrsg.): *Die Veröffentlichung des Privaten – Die Privatisierung des Öffentlichen*. Opladen: Westdeutscher Verlag 1998

4 Niklas Luhmann: *Soziologische Aufklärung 5. Konstruktivistische Perspektiven*. 2. Auflage. Opladen: Westdeutscher Verlag 1993, S. 208

5 Vgl. Günter Burkart: *Familiensoziologie*. Konstanz: UVK 2008, S. 144–147; Bianca Kellner-Zotz: Erziehungsziel: Auffallen. Was Familienstress mit massenmedialer Handlungslogik zu tun hat. In: Michael Meyen, Maria Karidi (Hrsg.): *Medialisierung. Medienlogik und sozialer Wandel.* Working Paper 2015, S. 2 f. (http://medialogic.hypotheses.org/19, 9. September 2016)

6 Niklas Luhmann: *Liebe. Eine Übung*. Herausgegeben von Andre Kieserling. Frankfurt/Main: Suhrkamp 2008, S. 35

7 Ebd., S. 65

8 Ebd., S. 67 f.

9 Niklas Luhmann: *Liebe als Passion. Zur Codierung von Intimität*. Frankfurt/Main: Suhrkamp 1982

10 Martin Zips: Namedropping. *Süddeutsche Zeitung* vom 7. Mai 2016

11 Michael Neudecker: Gestatten, Flow. *Süddeutsche Zeitung* vom 1. April 2016; vgl. den Internetauftritt der Gesellschaft für deutsche Sprache (http://gfds.de/vornamen/)

12 *Spiegel Online* am 9. Mai 2016; vgl. Michael Meyen: Medialisierte Baby-Namen. In: Michael Meyen, Maria Karidi (Hrsg.): *Medialisierung. Medienlogik und sozialer Wandel.* Fundstück 2016 (https://medialogic.hypotheses.org/782, 30. August 2016).

13 Kellner-Zotz 2015, S. 4

14 Eva Illouz: *Warum Liebe weh tut. Eine soziologische Erklärung*. Berlin: Suhrkamp 2011

15 Kellner-Zotz 2015, S. 1

16 Anthony Giddens: *Modernity and Self-Identity. Self and Society in the Late Modern Age*. Cambridge: Polity Press 1991

17 Elisabeth Noelle-Neumann, Thomas Petersen: *Alle, nicht jeder. Einführung in die Methoden der Demoskopie*. 2. Auflage. München: Deutscher Taschenbuch Verlag 1998, S. 57

18 Bianca Kellner-Zotz, Fabian Wiedel: *Bitte Zuschauen beim Glücklichsein. Eine qualitative Untersuchung zur Medialisierung des Systems Familie.* Masterprojekt-Arbeit. LMU München: Institut für Kommunikationswissenschaft und Medienforschung 2013, S. 21 f.; Bianca Kellner-Zotz: *Das Auf-*

merksamkeitsregime oder: Wenn Liebe Zuschauer braucht. Der Einfluss der massenmedialen Handlungslogik auf das Familiendispositiv. Eine qualitative Untersuchung zur Medialisierung des Systems Familie. Dissertation. LMU München: Institut für Kommunikationswissenschaft und Medienforschung 2017

19 Oliver Stöwing: *Wann kommt denn endlich der blöde Prinz auf seinem dämlichen Gaul! 100 Tipps, wie Sie Ihren Traummann finden*. München: Knaur 2009

20 Titel eines Dokumentarfilms von Kaspar Kasics, Schweiz 2015

21 Stephanie Herkenroth: Ja, ich will – Aufmerksamkeit! Warum aus der privaten Veranstaltung Hochzeit ein öffentliches Event wird. Eine qualitative Untersuchung zur Medialisierung des Systems Familie. In: Michael Meyen, Maria Karidi (Hrsg.): *Medialisierung. Medienlogik und sozialer Wandel*. Working Paper 2015, S. 3 (http://medialogic.hypotheses.org/402, 8. September 2016)

22 Erika Engstrom: *The Bride Factory. Mass Media Portrayals of Women and Weddings*. New York: Peter Lang 2012, S. 4

23 Alle Zitate zur Hochzeit und alle entsprechenden Interviewausschnitte aus Herkenroth 2015

24 Leopold Schmidt: *Hochzeitsbrauch im Wandel der Gegenwart*. Wien: Verlag der österreichischen Akademie für Wissenschaften 1976, S. 30–32

25 Vgl. Annette Remberg: *Wandel des Hochzeitsbrauchtums im 20. Jahrhundert. Eine volkskundlich-soziologische Untersuchung*. Münster: Waxmann 1995

26 Vgl. Kapitel 4

27 Vgl. Manfred Spitzer: *Digitale Demenz. Wie wir uns und unsere Kinder um den Verstand bringen*. München: Droemer 2012; Manfred Spitzer: *Cyberkrank! Wie das digitalisierte Leben unsere Gesundheit ruiniert*. München: Droemer 2015

28 Vgl. Markus Appel, Constanze Schreiner: Digitale Demenz? Mythen und wissenschaftliche Befundlage zur Auswirkung von Internetnutzung. In: *Psychologische Rundschau*, 65. Jg. (2014), S. 1–10

29 Vgl. Michaela Schier, Karin Jurczyk: »Familie als Herstellungsleistung« in Zeiten der Entgrenzung. In: *Aus Politik und Zeitgeschichte*, 34. Jg. (2007), S. 10–16

30 Vgl. Alexandra Schmidt-Wenzel: *Wie Eltern lernen. Eine empirisch qualitative Studie zur innerfamilialen Lernkultur*. Opladen: Budrich 2008

31 Gerald Hüther, Uli Hauser: *Jedes Kind ist hoch begabt. Die angeborenen Talente unserer Kinder und was wir aus ihnen machen*. München: Knaus 2012

32 Alle Zitate und Interviewausschnitte zur Erziehung aus Kellner-Zotz 2015; Kindergeburtstage: Kellner-Zotz/Wiedel 2013

33 babys-entdeckungsreise.de (12. September 2016)
34 Vgl. Kapitel 4
35 Ferdinand Oertel: *Der Familienratgeber*. Wien: Styria 1986, S. 159
36 Ute Glaser: *Die Eltern-Trickkiste*. München: Gräfe und Unzer 2011, S. 14, 16, 87
37 Kellner-Zotz/Wiedel 2013, S. 34
38 Gerd Kähler: Küche heute. Und etwas gestern. Und natürlich morgen. Von Küchenkonzepten und Lebensstilen. In: Klaus Spechtenhauser (Hrsg.): *Die Küche: Lebenswelt-Nutzung-Perspektiven*. Basel: Birkhäuser 2006, S. 74–93, hier 85
39 Kellner-Zotz/Wiedel 2013, S. 29 f., 32
40 Alle Zitate und Interviewausschnitte zum Urlaub aus Bianca Kellner-Zotz: *Wenn Familien eine Reise tun, dann gibt's was zu erzählen*. Projektarbeit. LMU München: Institut für Kommunikationswissenschaft und Medienforschung 2014; vgl. Kellner-Zotz 2017
41 Ulrich Reinhardt: *Tourismusanalyse 2014*. Hamburg 2014, S. 24
42 Albrecht Steinecke: *Populäre Irrtümer über Reisen und Tourismus*. München: Oldenbourg 2010, S. 16
43 Alle Zitate und Interviewausschnitte zur Gastronomie aus Johanna Böllmann: So schmeckt Aufmerksamkeit. Medialisierung der Gastronomie. In: Michael Meyen, Maria Karidi (Hrsg.): *Medialisierung. Medienlogik und sozialer Wandel.* Working Paper 2016 (http://medialogic.hypotheses.org/555, 12. September 2016)
44 http://www.brennergrill.de/index.html (12. September 2016)
45 Marten Rolff: Der Vormund. *Süddeutsche Zeitung* vom 8. Mai 2016
46 Vgl. Laura Kaufmann: Du kommst hier nicht rein. *Süddeutsche Zeitung* vom 4. März 2016

6. Medienresilienz: Wie wir mit der Berichterstattung umgehen können und dabei zugleich den Journalismus stärken

1 Georg Franck: *Ökonomie der Aufmerksamkeit. Ein Entwurf*. München: Hanser 1998; Zitate aus Georg Franck: Aufmerksamkeit – Die neue Währung. In: *Telepolis*, 20. März 1996 (http://www.heise.de/tp/artikel/2/2003/1.html, 14. September 2016)
2 Ebd.
3 Hartmut Rosa: *Resonanz. Eine Soziologie der Weltbeziehung*. Berlin: Suhrkamp 2016, S. 18–19, 25
4 Ulrich Wickert: *Medien: Macht & Verantwortung*. Hamburg: Hoffmann und Campe 2016; Hanns Joachim Friedrichs: *Journalistenleben*. Mit Harald Wieser. München: Droemer Knaur 1994

5 Vgl. Ella Gabriele Amann, Frank Alkenbrecher: *Das Sowohl-als-auch-Prinzip. Resilienz: Mit Sicherheit stark durch die Krise*. Berlin: Pro Business 2015; Christina Berndt: *Resilienz. Das Geheimnis der psychischen Widerstandskraft. Was uns stark macht gegen Stress, Depressionen und Burn-out*. München: Deutscher Taschenbuch Verlag 2015

6 Nassim Nicholas Taleb: *Antifragilität. Anleitung für eine Welt, die wir nicht verstehen*. München: Random House 2014, S. 22, 25, 114

7 Armin Nassehi: *Die letzte Stunde der Wahrheit. Warum rechts und links keine Alternativen mehr sind und Gesellschaft ganz anders beschrieben werden muss*. Hamburg: Murmann 2015, S. 265

8 Georg Mascolo, Peter Neumann: Die rohe Botschaft. *Süddeutsche Zeitung* vom 6. August 2016

9 Kurt Kister: Welt und Wahnwelt. *Süddeutsche Zeitung* vom 25. Juli 2016

10 Matthias Drobinski: Horror Picture Show. *Süddeutsche Zeitung* vom 16. Juli 2016

11 Charlotte Rungius, Christoph Weller: Die verheißungsvolle Schönheit der Resilienz: Zur Epistemologie eines Begriffs. In: *Resilienz 2016* (http://resilienz.hypotheses.org/611, 15. September 2016).

12 Thomas Meyer: *Die Unbelangbaren. Wie politische Journalisten mitregieren*. Berlin: Suhrkamp 2015, S. 7 f., 25

13 Ulrich Teusch: *Lückenpresse. Das Ende des Journalismus, wie wir ihn kannten*. Frankfurt/Main: Westend 2016

14 Nick Couldry: *Media, Society, World. Social Theory and Digital Media Practice*. Cambridge: Polity Press 2012, S. 84, 102 f.

15 Vgl. Nils Havemann: *Samstags um halb vier. Die Geschichte der Fußballbundesliga*. München: Siedler 2013

16 Uwe Krüger: *Mainstream. Warum wir den Medien nicht mehr trauen*. München: C.H. Beck 2016, S. 59, 73, 84, 105, 136; vgl. W. Lance Bennett: Toward a Theory of Press-State Relations in the United States. In: *Journal of Communication*, 40. Jg. (1990), S. 103–125

17 Alain de Botton: *Die Nachrichten. Eine Gebrauchsanweisung*. Frankfurt/Main: S. Fischer 2015, S. 30, 32, 45, 75, 84, 244

18 Hanns Joachim Friedrichs: *Journalistenleben*. Mit Harald Wieser. München: Droemer Knaur 1994; vgl. *Der Spiegel*, Nr. 13/1995, S. 112–119

19 Ulrich Wickert: *Medien: Macht & Verantwortung*. Hamburg: Hoffmann und Campe 2016, S. 10 f., 14, 31, 38, 98

20 Horst Pöttker (Hrsg.): *Öffentlichkeit als gesellschaftlicher Auftrag. Klassiker der Sozialwissenschaft über Journalismus und Medien*. Konstanz: UVK 2001, S. 20, 24, 26 f.

21 Nassehi 2015, S. 265

22 Vgl. Andrew Zolli, Ann Marie Healy: *Resilience: Why Things Bounce Back*. New York: Simon & Schuster Paperbacks 2013

23 Vgl. Judith Rodin: *The Resilience Dividend. Managing disruption, avoiding disasters, and growing stronger in an unpredictable world*. London: Profile Books 2015

24 Julia Cagé: *Rettet die Medien. Wie wir die vierte Gewalt gegen den Kapitalismus verteidigen*. München: C.H. Beck 2016

25 Vgl. Zolli/Healy 2013, Rodin 2015

26 Pöttker 2001, S. 27

27 Wickert 2016, S. 35 f.

28 Vgl. Maria Karidi, Michael Meyen: Wie Mediensysteme in Krisenzeiten stabil bleiben. Ein Plädoyer für theoriegeleitete Mediensystemforschung. In: Björn von Rimscha (Hrsg.): *Methodische Zugänge zur Erforschung von Medienstrukturen, Medienorganisationen und Medienstrategien*. Baden-Baden: Nomos 2017, S. 53–70

29 Vgl. die Beispiele in Wickert 2016, S. 22

30 Teusch 2016, S. 120

31 Ebd., S. 98

32 Krüger 2016, S. 140

33 Wickert 2016, S. 89–91

34 Vgl. Kapitel 4

35 Stefan Schulz: *Redaktionsschluss. Die Zeit nach der Zeitung*. München: Carl Hanser 2016, S. 230–236

36 Vgl. Michael Meyen: *Mediennutzung. Mediaforschung, Medienfunktionen, Nutzungsmuster*. Konstanz: UVK 2001

37 Niklas Luhmann: *Die Realität der Massenmedien*. 2. Auflage. Opladen: Westdeutscher Verlag 1996, S. 120–122

38 Krüger 2016, S. 56